MEMOIRES

DE

NOTRE TEMS.

NOUVELLES

CONSIDERATIONS

SUR LÁ PRESENTE

GUERRE

EN ALLEMAGNE,

Par l'Auteur des precedentes
CONSIDERATIONS fur le même Sujet;

Traduites de l'Anglois fur la QUATRIEME
EDITION corrigée & augmentée.

FRANCFORT ET LEIPZIG,
AUX DEPENS DE LA COMPAGNIE.
M D CC LXIII.

AVERTISSEMENT.

L'AUTEUR s'étoit proposé l'année dernière, de publier une seconde Partie des Considérations sur la présente Guerre en Allemagne; mais n'aiant pû garder l'incognito, comme il en avoit le dessein, il perdit toute envie d'écrire ultérieurement sur ce sujet. Maintenant il espere que dans un tems où l'on voit renaître journellement cette question, pouvoir établir ses pensées, sans passer pour présomptueux. Ceux, qui par leurs Emplois sont à portée d'être mieux instruits de la matière, ou n'ont pas le loisir de la traiter, ou il leur importe trop de ne point courir cette carrière, ou ils manquent de courage pour l'entreprendre. L'Auteur prie le Public de l'excuser, s'il a distribué tous ses materiaux en plusieurs fragmens; l'intervalle de peu de jours, depuis sa résolution de les publier, ne lui a pas permis de les rédiger en un ordre suivi.

Il prend ici occafion de déclarer qu'il n'a époufé aucun parti dans les Difputes fur le mérite ou le démérite du dernier Miniftre, ni pris aucun intérêt aux Ecrits qui ont paru fur ce Sujet dans les Papiers Publics, quoique plufieurs entre eux lui euffent fait honneur. Au refte fon but eft d'examiner la Guerre en Allemagne, & d'y borner fes raifonnemens.

MEMOI-

MEMOIRES

DE
NOTRE TEMS.

CONSIDERATIONS

SUR LA

PRESENTE GUERRE

EN ALLEMAGNE.

Nº. I.

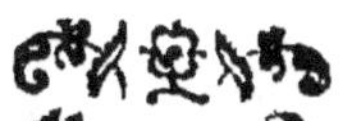

Comme le moien de diminuer les principales reſſources qui procurent des Matelots à l'Ennemi, & l'avantage de partager avec eux en Pays étranger leur Commerce de ſucre, paroiſſent à l'Auteur former le grand objet de la préſente Guerre, il ſe flatte qu'on lui permettra de prévenir certaines objections qui pourroient en réſulter.

Si l'on dit *qu'une Nation peut excéder en Conquêtes, & qu'en aiant plus qu'elle n'eſt capable de conſerver, il eſt à craindre que cet excès ne lui ſoit à charge, & qu'au lieu d'un bien, il n'en provienne un mal,* on peut répondre:

A 3   Qu'un

Qu'un petit Etat, tel, par exemple, qu'étoit autrefois celui de Venife, en étendant fes frontières parmi nombre de Puiffances ennemies, peut fe mettre dans la néceffité d'avoir conftamment fur pied une Armée, ou trop forte pour la dépenfe, ou trop nombreufe pour la tenir dans une fujeſtion convenable. En ce cas il peut excéder en Conquêtes; mais fi les Vénitiens, plus attentifs à leur Marine, avoient borné leurs Conquêtes à leurs Isles, fans les pouffer jufque dans le Continent de l'Italie & de la Dalmatie, non feulement ils euffent donné moins d'ombrage aux autres Etats de l'Europe, mais foutenu plus facilement leurs propres poffeffions.

Peut-être feroit-on fondé de demander fi tout le Continent de l'Amerique feptentrionale n'eft pas une Conquête trop vafte pour l'Angleterre; mais, que la Martinique, dont les exportations valent dix fois plus à nos Ennemis que celles du Canada, & que l'Angleterre peut conferver avec dix fois moins de dépenfes, foit une Conquête trop étendue pour elle, certainement la chofe ne fauroit être mife en queftion. Auffi dans le tems que nous nous félicitons nous-mêmes d'avoir réduit tout un Continent, & que les Adreffes les plus favorables ont concouru à confommer une fi grande entreprife, rien de tout ce que la crainte d'un excès a pû fuggerer par rapport à l'affoibliffement & au mal de

l'Etat

d'Etat ne sauroit conclure contre la Conquête de cette Isle.

Nos petites Isles actuelles sont chacune expofées à d'autres plus confidérables qu'occupent nos Ennemis; par conféquent il eft néceffaire qu'elles exigent de nous une Flotte qui leur ferve de Garnifon fuffifante pour les protéger. Annexons-leur la Guadaloupe & la Martinique. Elles feront en fûreté fous leur abri, & en étendant nos poffeffions, nous diminuerons leurs frontières. Au-lieu d'avoir à nous tenir fur nos gardes contre les François & les Efpagnols, nous nous débarrafferons en quelque forte des premiers, les feuls de qui nous avons toûjours à craindre, & il ne nous reftera qu'à tenir l'œil fur les feconds, qui favent qu'ils ont plus à perdre dans la Guerre, qu'ils ne peuvent efperer de gagner fur nous.

Peut-on réputer ces Isles pour indépendantes? font-elles moins acceffibles à nos Flottes, ou moins faciles à foumettre à notre obéiffance que les Forêts méditerranées de l'Amerique? Ont-elles befoin de *ces provifions immenfes*, dont on s'eft plaint, comme *fi l'on emploioit une grande partie de notre Flotte à leur porter le néceffaire*. Contrebalanceront leurs différens produits ceux de l'Angleterre, ou ceux de nos vaftes Colonies feptentrionales? Ce n'eft donc pas de ces Conquêtes qu'il peut réfulter du mal pour

A 4

l'Etat;

l'Etat; au contraire le fucre, le Rum, le Cotton, l'Indigo, le Caffé & la Canelle font de toutes les Marchandifes celles qui conviennent le mieux au Commerce de l'Angleterre, celles dont le débit foit le plus prompt, & le rapport plus confidérable.

Si il y a réellement lieu de douter que nous ayons déjà excédé en Conquêtes, à quoi bon, je vous prie, douze millions? font-ils tous deftinés à être dépenfés en Allemagne, où il eft impoffible que nous faffions la moindre conquête?

On a dit: *Je ferai charmé de proceder à un Traité aiant entre les mains toutes les Conquêtes que nous avons actuellement.* Peuvent donc nos Ennemis nous les reprendre pendant la Guerre? Ne pouvons-nous pas, lorfqu'il s'agira de conclure une Paix, nous trouver en meilleure condition avec nos Rivaux, fi la Martinique eft à nous plutôt qu'à eux? N'eft-il pas plus apparent que de deux Contrées que nous poffedons, ils nous en laiffent une, à nous qui tenons la baguette levée fur la partie qu'ils occupent dans l'Isle St. Domingue, comme ils ont fait avec nous en Allemagne? La Nation ne feroit-elle pas plus contente de céder l'une pour retenir l'autre? Dans l'augmentation actuelle de nos Colonies feptentrionales que pouvons-nous effectuer fans l'une des deux? Dépendent-elles des Isles Françoifes pour la confommation de

leurs

leurs produits? Devons-nous peupler le vaste Continent de l'Amerique pour que les François en retirent le benefice de l'approvifionnement, ou nous importe-t-il feulement de hauffer les denrées de nos Isles actuelles, afin d'en rendre les maîtres des plantations d'autant moins capables de concurrence avec les François dans le trafic de Marchandifes étrangeres, & ceux-ci beaucoup plus maîtres de celui que nous faifons? afin, dis-je d'être bravés par le droit de propriété fur plus de quatorze Comtés, & de redoubler dans nos Confeils cette influence qui y prédomine déjà avec tant de force *a*).

A 5　　　　　　Un

a) *Le lecture fera l'application de ce raifonnement à l'importance de nous ériger en propriétaires de ce qu'on appelle fauffement les Isles Neutres. En effet, fi après toutes nos Conquêtes, nous étions obligés de rendre la Guadaloupe pour nos Dépendences en Allemagne..... jamais nos Isles actuelles ne produifirent de fucre au-delà de ce qu'il en faut pour la confommation de la Nation Britannique. A moins donc que dans un futur Traité de Paix on ne faffe attention aux deux grands objets de la Guerre, & qu'on ne donne quelque échec à l'accroiffement de la Pêche Françoife fur le Banc de Terre-Neuve, que l'on a toûjours reconnu nous appartenir*

dans

Un autre danger dont on a fait mention, est celui de cauſer de l'ombrage aux autres Nations, en pouſſant trop loin nos Conquêtes; mais tout ce que l'on a dit à cette occaſion ne peut avoir de rapport aux Indes Occidentales. Après le mécontentement que vous avous déjà donné à toutes les Puiſſances du Nord par une Guerre de Continent en Allemagne, certainement nous ne devons point appréhender, en abaiſſant la Marine Françoiſe aux Indes Occidentales, d'indiſpoſer les Eſpagnols, eux qui ne ſont jamais redou-

dans chaque Traité depuis le tems de ſa première découverte juſqu'à ce jour, & au ſujet duquel le Lord Oxford ſe rendit coupable *) *pour en avoir accordé l'uſage aux François du côté ſeptentrional; à moins encore que l'on n'augmente en quelque ſorte le crû du ſucre dans les Colonies Angloiſes & la Navigation aux Indes Occidentales, peut-être verrons-nous en peu d'années la Marine Françoiſe égaler la nôtre, & qu'alors nous trouverons tant à occuper nos Vaiſſeaux chez nous, qu'il n'y en aura point de reſte pour protéger nos petites Iſles éloignées & ſans défenſe. Il arriveroit enſuite que nous viſſions le Cap Breton, ou toute autre Iſle, ſortifiée,*

*) Voy l'Article XIII du Traité d'Utrecht, & l'Article 13. de l'Accuſation du Lord Oxford.

redoutables à la Grande Bretagne qu'autant qu'ils se trouvent joints aux François *b*).

Après tout, nous convenons volontiers de la justesse des maximes modérées, & nous y reconnoissons une modération que tout Etat devroit suivre. Mais cette modération dans nos Conseils doit-elle seulement se borner à nos acquisitions, & nullement à nos dépenses? Ne paroit-il pas un peu révoltant au sens commun, & tout honnête homme ne doit-il pas être pénétré de douleur, lorsqu'au moment que l'on se dégarnit de douze millions, au-lieu de huit, nous déclarons que nous n'avons pas assez fait jusqu'ici pour l'Allemagne? Nous devrions alors plutôt exprimer nos craintes, en ce que nous avons déjà trop fait pour la Grande Bretagne, ou

que

tifiée, munie de Garnison Françoise; une Flotte interrompre notre Pêche en Terre-Neuve, sous prétexte de protéger celle de France; & une Armée prête à marcher en Westphalie. Alors la Nation ne seroit à la longue que trop convaincue qu'après nous être glorifiés de nos Conquêtes par toute la terre, nous en avons cédé la partie la plus considerable, & dépensé soixante millions de notre Thrésor pour étendre la Commerce & renchérir le sucre de la Jamaique.

b) Tant le langage de l'année dernière étoit différent de celui d'aujourd'hui.

que nous ne pouvons dans la ſuite faire trop peu pour nous-mêmes.

IL ſe préſente une remarque digne d'attention ſur le tems où l'on fit uſage de ce raiſonnement.

Nous ne devons pas conquerir la Marti-
nique, une Iſle qui nous promettroit les plus grands retours, & qui nous dédommageroit largement des frais qu'il nous en couteroit pour la garder; & cela de crainte de nous *ſurcharger de Conquêtes*. Cependant nous ſavons aujourd'hui que dans ce même tems, & même pluſieurs mois avant, on amuſa le Public par une Expedition contre une autre Iſle, qui n'aiant ni Port, ni bonne Rade, ne pouvoit remplir aucun objet d'importance. Cette expédition ne tendoit qu'à diviſer nos forces, à multiplier nos dépenſes, & une Conquête de cette nature n'étoit par conſé-
quent qu'un moien direct de nous porter pré-
judice. Suppoſons pour un moment que l'on eût ſuivi ce projet, conquis d'abord l'Iſle d'Oleron & enſuite celle de Rhé, il nous auroit fallu quinze mille hommes de Garni-
ſon dans l'une & l'autre; ce qui auroit affoibli d'autant la défenſe nationale. D'ailleurs ces Troupes, en ſtation ſur les Côtes de l'Ennemi, y auroient dépenſé leur Solde en pro-
ductions de la France, à moins qu'elles n'euſ-
ſent

sent reçu des transports de vivres par une Flotte, comme font maintenant celles de Belle-Isle, afin de les empêcher de mourir de faim, sans omettre une Escadre, qu'il eût été nécessaire d'y tenir pour empêcher les François de faire une descente & de les enlever.

J'ai encore une remarque à faire sur cet article. Dans les dernières séances, comme dans celle-ci, on a représenté la Guerre d'Allemagne sous l'apparence d'une Diversion. Mais nous n'ignorons pas à présent quel étoit alors le but de nos Conseils. Aussi tel, qui doit avoir dit que la Guerre d'Allemagne étoit destinée à détourner les forces de la France & à favoriser d'un autre côté les opérations de l'Angleterre, doit n'avoir rien dit de mieux, sinon qu'il étoit d'avis que l'on dépensât en Allemagne sept millions du Thrésor national pour empêcher les François d'envoier du secours au Canada que nous avions déjà conquis, ou à la Martinique que nous ne nous proposions pas d'attaquer, ou bien que toute cette dépènse n'étoit réservée que pour faciliter la Conquête de Belle-Isle; Conquête dont nos Ennemis, témoin les Négociations, font des risées, & qu'à peine ils voudroient reprendre, quand même on la leur offriroit.

La Guerre d'Allemagne étoit'elle donc destinée à détourner les forces de la France pour nous garantir d'une invasion? Ceci est, je
pense,

penfe, le raifonnement à la mode, & quoique j'aie déjà prévenu toutes les objections, faites la-deffus depuis ce tems là; néanmoins il eft à propos de difcuter la chofe, en l'examinant de nouveau.

RAISONNEMENT

POUR LA

GUERRE D'ALLEMAGNE,

Confiderée de nouveau comme une

DIVERSION.

,, Il n'y a que des gens, peu au fait des
,, formes maritimes de l'Angleterre, qui
,, puiffent croire que fans nne Diverfion fur
,, le Continent pour y occuper une partie
,, des forces de l'Ennemi, elle ne fauroit ef-
,, perer de réuffir & de maintenir fa fupério-
,, rité fur Mer.... Certainement il faut avoir
,, des connoiffances bien fuperficielles pour
,, s'imaginer que les forces de l'Angleterre ne
,, font pas en état de réfifter à celles de Fran-
,, ce, à moins qu'on ne l'empêche de tour-
,, ner tous fes efforts du côté de la Mer *c*).

J'AI

c) Conduite du Roi d'Angleterre comme Electeur de Hanover, pour fervir de Réponfe au Parallèle de la Conduite de la France avec le Roi d'Angleterre, Electeur de Hanover en 1758.

J'AI souvent pensé en moi-même quels pouvoient être les motifs qui porterent le dernier Ministre à embarquer la Nation si avant dans une Guerre en Allemagne. Il y à longtems que l'on est revenu de la fausse idée qu'il s'y agissoit de Religion. M'étant donc informé auprès de mes Amis, des raisons dont ce Ministre appuyoit son système, je ne pus jamais en apprendre que deux; l'u ne, qu'il nous avoit trouvés en Allemagne, & qu'il ne nous y avoit pas menés; l'autre, que la Guerre d'Allemagne étoit propre à diviser les forces de l'Ennemi, & à faciliter nos opérations en Pays éloignés, sans craindre d'invasion. De ces deux raisons prises ensemble, la première tend naturellement à demander, si la seconde en est une valable pour nous faire marcher en Allemagne? Qu'est-il besoin de justifier cette raison par l'autre, en disant qu'il nous y a trouvés? La prudence se prouve par elle-même, & ne cherche point d'accident pour appui. Mais assigner deux motifs pour une même action, c'est donner lieu de douter si l'un ou l'autre est vrai. Quoi qu'il en soit, quelques simples observations mettront le Lecteur en état de juger du cas.

En premier lieu, quiconque suppose que la Guerre d'Allemagne est un expédient de sagesse & de choix, comme une Diversion capable de nous préserver d'invasion de la

part

part des François, doit suppofer en même tems qu'il exifte un danger. Je n'exige pas que la probabilité d'une pareille invafion foit grande, mais il faut qu'il y ait quelque probabilité plus ou moins forte, parce que de pures probabilités phyfiques ne font point des motifs d'action.

En fecond lieu je remarque que fi la Guerre d'Allemagne eft en effet un choix de Diverfion pour empêcher les François d'entreprendre fur nous (de porter du fecours à leurs Colonies ou de s'emparer des nôtres; car ce raifonnement eft également applicable aux trois cas), alors la Diverfion fera plus ou moins néceffaire à proportion que le danger eft plus ou moins grand. Certainement plus les conjonctures feront craindre une invafion, plus un Miniftre infiftera fur une Guerre de diverfion. Au contraire, moins il y aura de rifque que cela arrive, & moins il s'empreffera de fe fervir d'un pareil moien.

N⁰. II.

MEMOIRES

DE
NOTRE TEMS.

NOUVELLES
CONSIDERATIONS
SUR LA
PRESENTE GUERRE
EN ALLEMAGNE.

Nº. II.

LE danger que l'Angleterre soit en-
vahie par la France est plus ou
moins grand, suivant le nombre
de leurs Troupes & de leurs Vaisseaux respec-
tifs. Quant aux Troupes, la France n'a jamais moins en tems de Paix que deux cens
mille hommes à sa Solde, & par conséquent
toûjours assez de forces sur pied pour envahir l'Angleterre, qui communément n'entretient pas vingt mille hommes. Donc le
danger réel pour l'Angleterre est à raison du
nombre des Troupes que la France a actuellement sur ses Côtes, de celui de ses Vaisseaux de transport pour les embarquer, &
de ses Vaisseaux de guerre pour les garantir;

B ou

ou en d'autres termes, à proportion de la force de fa Marine. Ces Axiômes font fi fimples, que le Lecteur aimera mieux, je crois, ne point en entendre parler, que s'a-vifer de les contredire. Voyons à préfent comment les Evenemens, qui fe font paffés, s'accorderont avec l'idée que ceci a été le mo-tif de la Guerre d'Allemagne.

Au commencement de la Guerre avec les Anglois, les François étoient occupés à pré-parer une Flotte confidérable à Breft & à Rochefort, à réparer Dunkerque, & à faire marcher vers leurs Côtes cent vingt Batail-lons. Tous les chemins de Flandre, de Normandie & de Bretagne étoient couverts de Chariots chargés d'armes & de canons, & tout cet appareil vifoit à quelque importante entreprife que l'on avoit alors en vûe, mais qui, dit le Memoire pour la réquifition des Troupes Allemandes, ne pouvoit être qu'u-ne Defcente dans la Grande Bretagne. Je n'entre point dans la queftion fi les Fran-çois avoient effectivement deffein de nous at-taquer, ou feulement de nous faire peur; fi peut-être ils auroient pris le premier parti, au cas que leur Flotte eût été prête avant la nôtre, ou bien fait voile vers Minorque & Louisbourg. Mais quelle que fût leur inten-tion, tout ce que je veux conclure de mon raifonnement, eft qu'au moins il y avoit quel-que apparence de danger.

Cha-

Chacun, pour peu qu'il connoiſſe nos Débats en Parlement, ſait que pendant tout ce tems-là, lorſque la Flotte Françoiſe étoit dans l'état de plus formidable, & lorſque la nôtre & l'Armée n'étoient gueres de la moitié plus fortes qu'elles ſont préſentement; chacun, dis-je, ſait que dans le cours des années 1755. & 1756. le Miniſtre & ſes Amis déclamoient continuellement contre une Guerre ſur le Continent & contre toutes nos opérations en Allemagne. Ils parlerent, ils écrivirent, ils furent renvoiés & reçurent leurs boëtes d'or pour cette raiſon. Ce fut alors que l'on repréſentoit comme un concert de trahir les intérêts des Provinces, la propoſition de combattre pour Hanover, ou de prendre à Solde des Troupes de Heſſe & de Ruſſie pour cette fin.

Ainſi continuerent les choſes juſqu'à la fin de l'année 1757. que les forces navales de l'Ennemi furent conſidérablement diminuées. Nous avions pluſieurs de ſes Vaiſſeaux dans nos Ports, & plus de la moitié de ſes Matelots dans nos Priſons. Notre Armée s'étoit renforcée par la levée d'un grand nombre de Bataillons, & nos Vaiſſeaux & leurs Equipages étoient tous en très bon état. Alors le Miniſtre commença à voir clair tout d'un coup, & comme l'on avoit moins à craindre pour une invaſion, il comprit qu'il étoit d'autant plus néceſſaire d'opérer une Diver-

ſion

sion en Allemagne.   Il deshonora un Général de la Famille Royale pour avoir témoigné
qu'il étoit trop bon Anglois, en mettant fin
à la première Guerre d'Allemagne par la Convention de Closter-Seven,   que l'on nom-
moit alors un *infâme Cadenat opposé aux
épées des Hanovriens*.   Il fit plus: il entre-
prit en Allemagne une nouvelle Guerre deux
fois plus étendue, & qui demandoit quatre
fois plus de dépense.

Je fuis bien éloigné de juger de la pro-
fession d'autrui ; mais il est impossible qu'on
ne déplore la foiblesse de l'esprit humain, lorfque nous voions un grand Patriote, depuis
longtems le ferme foutien des intérêts de
l'Angleterre, prendre fubitement à cœur ceux
de l'Allemagne, & s'entêter d'un préjugé
que quoiqu'au commencement de la Guerre
glorique la Flotte Françoise étoit au plus haut
point de fa force, & la nôtre au plus bas
dégré de fa foiblesse, nous n'avions befoin
de recourir à aucune Diverfion pour fa füre-
té ; néanmoins, maintenant que la première
est réduite à l'extrémité, pendant que la feconde triomphe par tout, *nous devions entrer
dans une Guerre en Allemagne, comme par une
précaution nécessaire pour empêcher les Armées
Françoises de faire une irruption dans les Etats
de la Grande Bretagne*.

Depuis ce tems-là l'Ennemi ne vint qu'u-
ne feule fois à bout d'assembler une Flotte,

&

& par ce moïen il ne lui fut pas difficile de porter vingt mille hommes fur fes Côtes. La Guerre d'Allemagne n'étoit pas une Diverfion qui caufât des obſtacles à fes armes ; mais trois mois après notre fameufe Victoire remportée à Minden, & lorfque cette Diverfion étoit de nature à remplir l'attente, la France conçut le deffein de tenter une invafion dans la Grande Bretagne. Dès qu'elle fe fut pourvûe de Vaiffeaux, elle trouva affez d'hommes pour les equipper de manière à exécuter le projet, ou de fecourir le Canada, ou d'envahir l'Irlande, tandis qu'elle continuoit de nous faire tête en Allemagne avec une Armée fupérieure à la nôtre. Sa Flotte fut détruite dans le Combat naval du côté de Belle-Isle, jufque-là qu'elle ne pouvoit guères fe retablir pendant la préfente Guerre. Or fans Vaiffeaux, fans Matelots, fans Commerce, comment eſt-il poffible de former une Marine qui puiffe le moins du monde nous infpirer de la terreur ? Auffi depuis cette Epoque, la Guerre d'Allemagne, loin d'avoir été une Diverfion préjudiciable à la France, n'a fervi qu'à épuifer les Thréfors de la Grande Bretagne. Depuis la Bataille de Minden, tous nos efforts ont été emploiés en Allemagne. Avec quarante millions de dépenfe, à peine y a-t-on tenté dans les deux années fuivantes une fimple Expédition de quelque importance pour l'Angleterre. On ne toucha

B 3

point

point à la Martinique, ni même à Ste. Lu-
cie. Au lieu d'envoier nos forces au loin
pour conquérir des régions fi attrayantes,
nous nous fommes amufés dans le voifinage
à une Isle fans Port & fans productions; Isle
où l'Ennemi n'a rien perdu en la perdant,
& dont la poffeffion, comme le démontre
l'expérience, ne nous a été d'aucune utilité
jufqu'à ce jour. Il ne s'eft embarqué qu'un
feul Régiment pour les Indes Orientales, &
malgré les avantages fupérieurs que nous
avons d'y envoier des Vaiffeaux & des Troupes, nous fommes redevables de tous nos
fuccès dans ces parties à des forces inférieures. Tandis que l'on dépenfoit fix millions
pour la Guerre d'Allemagne, on n'a voté
que vingt mille livres Sterl. pour les Indes
Orientales. La décadence de nos. Fonds &
de notre Traité prouve à quoi aboutit cette
diverfion en Allemagne. Trouverons-nous
dans les produits de la Heffe & du Pays de
Hanau un équivelant de ceux de la Guadaloupe? ou la reffource, en ouvrant la Navigation du Rhin & du Mayn, égalera-t-elle
pour les Matelots François le Commerce de
Terre-Neuve? Si dans notre Traité nous
avions déjà cédé pour l'Allemagne tous les
avantages que nous avons gagnés, tant du
côté de la Pêche qu'à l'égard du Commerce
de Sucre, & s'il arrivoit que cette Guerre de
diverfion continuàt plus longtems, nous verrions

rions qu'au-lieu de combattre en Allemagne
pour l'Amerique, nous perdrions réellement
l'Amerique en Allemagne. Au reſte quel
que puiſſe avoir été le cas auparavant, aujourd'hui que la Marine Françoiſe eſt entiérement détruite, quelqu'un aſſûrera-t-il
qu'une Guerre en Allemagne nous eſt néceſſaire pour Diverſion? Quand donc le devien-
dra-t-elle moins, & quand pourrons-nous
nous en paſſer? Mais ſi quelque autre, qui
dans le commencement, lorſque floriſſoit la
Flotte Françoiſe, deſapprouvoit ſérieuſement
l'entrepriſe d'une pareille Guerre, & qu'aujourd'hui il en ſoutint poſitivement la néceſſité, tel pourra, s'il lui plait, s'en tenir à ſa
première fermeté & ne point craindre de danger où il pouvoit y en avoir; néanmoins il
fera difficilement un mérite au Miniſtre, de
nous avoir entrainés dans une dépenſe de
vingt millions pour prévenir un danger où
il n'y avoit certainement aucun riſque. Admettre que l'invaſion des François au commencement de la Guerre n'étoit qu'une chi-
mère, c'eſt convenir que les fantômes épou-
vantent par leur ſoudaine & première appa-
rition; mais celui-là auroit mauvaiſe grace
de vanter ſa force, qui, en même tems qu'il
triomphe des autres par leur fraïeur panique
peut avouer que ce fantôme, s'étant offert
longtems après aux yeux d'un chacun, s'eſt
toûjours montré aux ſiens pendant quatre

B 4

ans

ans entiers.   Cette habitude & cet espace de tems ne sauroient le rassûrer contre la crainte.   Plus il en envisage l'objet, plus sa frayeur augmente, & après avoir débour-sé quatre, cinq, & six millions, il s'épui-se, en tremblant, pour fournir les huit der-niers.

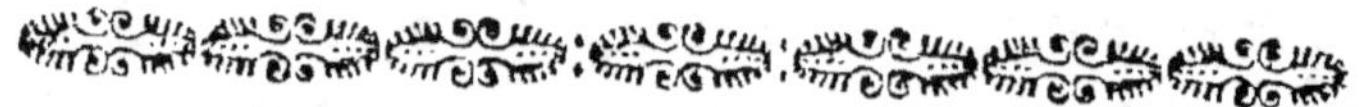

LA Liste suivante des Vaisseaux François, pris ou détruits pendant le cours de cette Guerre, a été inserée dans les Papiers Publics.   Je n'en garantis pas l'exactitude; mais si elle approche de la vérité, elle nous apprend combien considérable peut deve-nir la Flotte de l'Ennemi dans le court in-tervalle de quelques années de Paix, & combien peu nous en avons à craindre pendant le reste de la Guerre.

LISTE

LISTE

Des Vaiſſeaux, pris ſur les François depuis le commeucement de la Guerre juſqu'au 1er Octobre 1761.

131 Vaiſſeaux.   890 Canons.

4	de	84
14		74
2		66
17		64
1		58
2		56
1		54
6		50

Leſquels ſont 47 de Ligne.

4	de	44
2		40
19		36
1		34
13		32
3		28
2		26
7		24
3		22
7		20
1		18
7		16
4		14
2		12
1		10
8		8

Sont 84 Frégates.

B 5

ADDI-

ADDITIONS

POUR LA

SIXIEME EDITION

DES

CONSIDERATIONS

SUR LA PRESENTE

GUERRE EN ALLEMAGNE;

Que l'Auteur croit être une Réponse satisfaisante à tout ce que lui ont objecté
ses nombreux Antagonistes.

ADDI-

ADDITIONS

AUX PREMIERES

CONSIDERATIONS

DE LA PRESENTE

GUERRE EN ALLEMAGNE.

I.

L'INDÉPENDANCE des divers Etats d'Allemagne, établie par le Traité de Westphalie, est ce que les Princes, qui composent le Corps Germanique appellent Libertés & Constitution de l'Empire *d*).

d) Le soin de parer à tous Evenemens qui peuvent porter atteinte à la Constitution de l'Empire, ou en changer le Systême, ou autrement la conservation de l'indépendance du Corps Germanique, peut être un objet fort important pour les divers Princes d'Allemagne dans leur Diette à Ratisbonne; mais ce ne fut jamais un sujet de l'attention du Parlement Britannique avant la fin de l'an 1756., lorsque par un funeste abus des intérêts de la France & de l'Angleterre l'on proposa pour motif de la présente Guerre d'Allemagne: L'union peu naturelle de deux Cours, les calamités qui, en conséquence de cette malheureuse union, peuvent par les irruptions d'Armées étrangeres dans l'Empire en ébranler la Constitution,

tution, en changer le Syſtême, & y menacer d'oppreſſion les Etats Proteſtans,
ſont des Evenemens qui doivent faire une
impreſſion ſenſible ſur l'eſprit de la Nation, & fixer les regards de l'Europe ſur
cette récente & dangereuſe Criſe. *Juſqu'au tems que pour la premiere fois nous
nous déclarâmes ouvertement pour la cauſe
des petits Princes d'Allemagne, l'intérêt de
l'Angleterre & la paix de l'Europe nous firent
toûjours ſouhaiter de voir établi en Allemagne
quelque puiſſant Souverain, qui fût le Rival
naturel de la France, & qui contrebalançât
la puiſſance de cette Couronne.*

II.

Eſt-ce une eſpèce d'économie de nous être
mis pendant trois ans en dépenſe de douze
millions, pour empêcher la France de tirer
de l'Allemagne la valeur de ſix cens mille
Livres Sterling *e*).

*e) Un de mes Antagoniſtes étrangers (dont j'eſ-
perois que l'Ouvrage, intitulé le Faux Patriote Anglois, ſeroit traduit du François
pour l'avantage des Lecteurs de ma Nation)
m'accuſe de raiſonner en Marchand, & fait
ici les Remarques ſuivantes: ,, Je vous laiſ-
,, ſe, Monſieur, à juger ſi c'eſt-là le vrai
,, moien de calculer dans les Affaires généra-
,, les & politiques; ſi quelques Livres Ster-
,, ling de plus ou de moins doivent régler les
,, réſo-*

,, *résolutions des Cabinets.* '' *Pag.* 50. . . .
Il ajoute:

,, *Si l'Electorat étoit encore aujourd'hui*
,, *dans la même impuissance qu'au tems que*
,, *ses Souverains furent appellés au Thrône*
,, *d'Angleterre, & qu'il vint à tomber sous*
,, *la domination d'un nouveau Potentat, peut-*
,, *être qu'alors il deviendroit un objet indif-*
,, *férent. Mais Hanover n'est plus aujour-*
,, *d'hui une Souveraineté de nulle considéra-*
,, *tion; il a au contraire une grande influence*
,, *dans les Affaires d'Allemagne. Depuis*
,, *que ses Electeurs sont devenus Rois d'An-*
,, *gleterre, les richesses, qu'ils ont fait pas-*
,, *ser dans ce Pays, lui ont donné un dégré*
,, *de force beaucoup plus considérable qu'au-*
,, *paravant, & l'opulence de l'Etat a aug-*
,, *menté son Autorité. La résistance, que la*
,, *France a éprouvée de la part de cet Elec-*
,, *torat, en est une preuve convaincante.* ''
Pag. 68.

Il est à supposer que cet Antagoniste ne sait
pas que les Troupes Electorales de Hanover
sont payées & entretenues par le Parlement
Britannique.

Il continue, pag. 71. ,, *La Nation An-*
,, *gloise s'est souvent plaint de l'arrangement*
,, *des choses, qui l'oblige de maintenir, mal-*
,, *gré elle, de nombreuses Armées en Alle-*
,, *magne pour y protéger les droits d'un Gou-*
,, *vernement qui ne lui appartient pas; mais*
,, *elle*

,, elle oublie que ce mal est en quelque forte
,, incorporé avec l'Etat. Il seroit sans dou-
,, te à désirer pour cette Monarchie qu'elle
,, n'eût aucune possession hors l'enceinte de son
,, Continant, afin que sa puissance, étant
,, concentrée dans l'étendue de son Isle, pût
,, se déployer avec plus de force; mais un
,, certain arrangement & des causes secondes
,, ont disposé les choses autrement... Ce n'est
,, pas mon affaire d'examiner si les Anglois,
,, lorsqu'ils chasserent le Roi Jacques, n'eus-
,, sent pas mieux fait, ou de se soumettre à
,, la condition d'esclaves, ou d'allumer une
,, Guerre civile, plutòt que de s'être choisi
,, un Roi, qui, aiant des intérêts politiques
,, en Allemagne, distingués de ceux de la Na-
,, tion, devoit nécessairement les entraîner
,, dans des Guerres qui ne les concernoient
,, point. Il me suffit de dire que la Nation
,, résolut de se donner un Roi de la Famille
,, actuellement regnante. Si le malheur
,, étoit inévitable dans sa cause, il ne pouvoit
,, qu'être tel dans son effet. "
Encore pag 73. ,, Il est des Etats comme
,, des Particuliers; ils ne sont jamais sans
,, inquiétude. En Politique, comme en Mo-
,, rale, le Siége du Mal n'est jamais vuide.
,, Si l'Angleterre n'avoit pas ce Ver rongeur,
,, elle pourroit en avoir un autre. L'on peut
,, dire que chaque Gouvernement a son Péché
,, original. Suivant l'état présent de l'Eu-
　　　　　　　　　　　　　　　　　　,, rope,

,, rope, le Péché original du Portugal est
,, en Espagne, celui de Venise en Turquie,
,, de Genes en Corse, du Danemarc en
,, Suéde, de la Maison d'Autriche en tout
,, tems dans celle de Bourbon, de l'Empire
,, dans le Corps Germanique, de la France
,, dans la Marine Angloise, & de l'Angle-
,, terre dans les inconvéniens qui résultent
,, de la possession de Hanover." Ici finit
l'Antagoniste.

Nous avons tous, je crois, généralement
déploré que nos Amis les Allemands aient si
longtems profité de nous; mais ils eussent fait
plus sagement, s'ils nous avoient laissé igno-
rer leur intention de s'en prévaloir comme
d'un titre de prescription, & de propriété sur
nos personnes & nos biens.

III.

Est-il possible que l'on ne s'apperçoive pas
tout au moins de l'inégalité dans le nombre
d'hommes, qui se trouve entre nous & nos
Ennemis? f)

f) En tems de Paix la France n'a pas moins de
deux cens mille hommes de Troupes de terre.
Jamais la Grande Brotagne n'eut au-delà de
trente mille hommes, tant Troupes de terre
que de Marine jointes ensemble. Supposons
qu'avec l'Etablissement d'Irlande, le tout monte à quarante mille. Or la France avec ses
forces ordinaires de terre, en y ajoutant les
Saxons, ceux de Wurtemberg & autres Corps

Allemands, accoutumés à la nourriture & au Climat du Pays, autant que les Heſſois & les Hanovriens, a fourni chaque année de la préſente Guerre juſqu'à ce jour une Armée ſupérieure à la nôtre. La *Grande Bretagne* entretient préſentement à ſa Solde plus de deux cens mille hommes de ſes Troupes nationales. En quel Pays a donc la Guerre enlevé la plûpart des Manufacturiers & des Laboureurs? Ou quel Pays peut le mieux envoier ſes Sujets à la boucherie, ou les laiſſer croupir dans les Hôpitaux de l'Allemagne? En admettant que la *France* tient en ce Pays cinquante mille de ſes Nationaux, pris des deux cens mille de ſes Troupes ordinaires de terre, l'*Angleterre* y en a des ſiennes vingt-quatre mille, dont le nombre ordinaire, y compris les Irlandois, ne va pas à trente mille hommes. Or pouvons-nous d'autant mieux expoſer vingt quatre mille de nos Nationaux dans cette Guerre d'Allemagne, parce que nous en avons cent quatre vingt mille d'emploiés néceſſairement dans celle qui nous regarde perſonnellement? Y a-t-il de l'égalité entre nous & les François dans le rapport extraordinaire de leurs Fabriques & du Labourage? Souhaiterions-nous de voir en Angleterre des Italiens, des Suiſſes, des Allemands, des Wallons & des Brigades Irlandoiſes ſuppléer au défaut de nos Compatriotes, qui portent les armes pour notre ſervice en Amerique, ou ailleurs dans quelque Pays étranger?

No. III.

MEMOIRES
DE
NOTRE TEMS.

NOUVELLES
CONSIDERATIONS
SUR LA
PRESENTE GUERRE
EN ALLEMAGNE.

No. III.

IV.

AVEC ſon Revenu ordinaire, s'il monte à ſept millions, la France, ſuivant le Plan de la préſente Guerre, ſera en état, ſans faire le moindre Emprunt, de mettre en Campagne plus de monde que nous ne le pourrions en contractant chaque année une Dette de huit millions. *g)*

g) J'ai donné juſqu'ici à ce raiſonnement le tour qui m'a paru le plus favorable. Mais ſi mes Antagoniſtes le veulent autrement, établiſſons-le à leur guiſe. On nous a repeté cette année que le Revenu de la France n'alloit qu'à neuf millions, dont deux pro-

C

viennent

viennent des Fonds déjà furchargés, &
qui par conféquent pourroient bien être ré-
duits à un feul. Suppofons donc que le tout
aille à huit millions, & affignons-en la moitié aux dépenfes du Gouvernement civil, de
la Marine, des Troupes de terre, des nombreufes Fortifications & des Garnifons dans
cette vafte étendue jufqu'aux Frontières du
côté de l'Efpagne, de l'Italie, de l'Allemagne, de la Flandre & fur les Côtes feptentrionales & occidentales depuis Oftende
jufqu'à Bayonne. Outre cela, malgré tous
nos fuccès aux Indes Orientales, la France
nous y a oppofé longtems des forces fupérieu-
res dans toute occafion, foit par mer, ou
par terre. Que doit-il donc refter de ces
huit millions pour le payement des Subfides
aux Suédois, aux Ruffes, à l'Empire, &
pour le foutien de la Guerre en Allemagne?
Retranchons de cette fomme tant que nous
voudrons, le fait eft certain que la France
y a envoié chaque année une Armée de
beaucoup fupérieure en nombre à la nôtre.
Mes Antagoniftes ont fait deux fuppofitions
directement contradictoires; la première, que
les facultés de la France font moindres que
celles de la Grande Bretagne; la feconde,
qu'elle dépenfe beaucoup plus. Je leur per-
mets volontiers l'une de ces fuppofitions, ou
de choifir celle qu'il leur plaira; mais l'ancien Axiôme, Nemo dat quod non habet,

ne leur permettra pas de les prendre toutes les deux.

V.

Posons que la Cavalerie ait eu ordre en son tems de charger les François.

C'est ainsi que l'Auteur voudroit toucher ce passage, sans porter jugement sur une question, qui par la lecture de la sentence, lui paroît extrêmement douteuse.

VI.

Sur quoi donc étoient fondées ces vanteries au commencement de chaque séance du Parlement, que la France étoit ruinée, & que la prochaine Campagne seroit sa derniere? b)

b) „ *La* France *périt, & elle ne l'ignore pas.*
„ *Cet* effort *est le* dernier *d'une* Puissance
„ *expirante; c'est un mouvement convulsif*
„ *de la* mort, *un* effort *de* désespoir. *Tâ-*
„ *chons de lui resister fermement, agissons*
„ *avec vigueur, & ne craignons rien de ce*
„ *que le désespoir puisse lui faire entrepren-*
„ *dre.* "

„ *La Guerre en Allemagne nous a donné*
„ *les coudées franches, la* Victoire de Min-
„ den *a acheminé la Conquête* de l'Ameri-
„ que, *& les opérations en Allemagne* nous
„ ont mis au large pour un an. "

                    Tel-

Telles étoient notre présomption & notre confiance, telles les fleurs de Rhétorique qui finirent de bonne heure le Printems après la Bataille de Minden. Cependant avec toutes ces coudées franches notre Guerre Britannique ne laissa pas que de languir extrêmement la Campagne suivante. Dix-huit mois après, pas un seul Escadron fit voile pour tenter quelque nouvelle Conquête, ni même une seule Brigade ne sortit de nos Ports que pour passer en Allemagne. Loin d'avoir les coudées franches, la défense de Hanover nous lia les bras, pendant que les François inquiétoient plus cette année notre Commerce par les Armateurs qui couroient nos mers, qu'ils ne l'avoient géné dans aucune des précédentes; pendant, dis-je, que les Habitans de la Martinique nous défioient de les subjuguer, & que leurs Corsaires, en s'emparant de deux cens de nos Vaisseaux, nous faisoient sentir journellement combien il nous importoit de nous rendre maîtres de cette Isle.

VII.

En ne considérant le Traité que comme un pur Engagement par lequel on prend des Troupes à Solde, il nous revenoit à beaucoup moins qu'aucun de ceux que nous avons conclu depuis ce tems-là. *k)*

k) Nous

k) *Nous avons déjà fait mention de la Solde de 1759.; mais les différens Articles de nos dépenses en Allemagne ont été tenus si secrets, qu'il n'étoit pas possible de juger des fraix d'une Campagne avant la fin des séances suivantes. Par les Résolutions des 27. Novembre & 20. Décembre il paroît que nous avons payé au Landgrave 426725 livres Sterl. pour 19012 hommes. Les Hanovriens nous en ont fourni 380750, qui font plus du double de ce nombre, pour environ la même somme, c'est-à-dire pour 447882 livres. Le prix de 55000 Russes (non compris ce qu'on leur accordoit de plus pour des Galères, & le surcroît à proportion d'un plus grand nombre de Cavalerie) pourroit monter sur le même pied à un million 230000 livres, tant les Hanovriens sont plus modérés dans leurs demandes que les Hessois, & les Russes plus que ceux-ci & les autres. Ces derniers devoient s'entre-tenir eux-mêmes, non seulement dans leur Pays, mais pendant leur marche pour en sortir. Au contraire nos Amis les Allemands attendent que nous leur procurions chez eux le nécessaire, & par un Article assez lucratif pour des Mercénaires & inconnu parmi des Alliés, ils ont appris à doubler leurs demandes à notre charge pour fourage & extraordinaire. Si le Lecteur s'étonne de la disproportion de ces sommes, il se souviendra d'u-*

C 3

ne

ne autre remarquable de 60000 livres, qui dans
la profusion de nos millions devoit se payer
à son Altesse Sérénissime lorsqu'Elle le ju-
geroit le plus à propos, afin de faciliter
au Sérénissime Landgrave les moïens de
fixer de nouveau sa résidence dans ses propres Etats, & ranimer le courage de ses
fidèles Sujets par sa présence, que l'on
souhaitoit avec tant d'ardeur. *Quel que
pût avoir été l'année précédente notre at-
tendrissement pour un Prince âgé qui s'en
retournoit de Hambourg chez lui, il auroit
fallu être bien enthousiasmé de ce beau langage pour renouveller cette gratification dans
la même forme lorsque le vieux Landgrave
étoit déja rentré dans ses Etats, ou plutôt
lorsqu'il étoit agonisant à Rinteln, & lorsque le Prince son Fils, nouveau Prosélyte
de la Religion Romaine, pouvoit n'être pas
assez défié de ses Sujets Protestans, plus
fidèles encore.*

On souscrivit à l'octroi de 60000 livres
Sterl., en considération de ce que l'on s'étoit
débarrassé du mot de dédommagement, dont
on disoit le sens dangereux; & cela dans
un tems qu'en vertu de la Convention du
1er Avril, la Nation étoit beaucoup plus
sérieusement obligée de prendre sur elle un
secours raisonnable en argent, *quatre fois
plus fort que la somme,*

ETAT

ETAT GENERAL

De ce qui a été payé aux Heſſois en 1760.

	Liv.	Sols	Den.
Pour 19012 hommes de ces Troupes.	366725	1	6
Pour faciliter une seconde fois au Sérénissime Landgrave les moiens de fixer ſa réſidence dans ſes Etats, après n'en être ſorti que depuis neuf mois.	60000	0	0
Pour deux augmentations de ſes Troupes, montant à 3392 hommes.	121872	8	7
Pour la part de ces Troupes en fourage & extraordinaire, qui eſt le quart de deux millions 167903 livres 12 ſols & ſix deniers.	541975	18	1
Pour dédommagement au Landgrave des pertes cauſées par ſes Ennemis, & prenant ſur nous l'obligation de le gratifier d'un ſecours raiſonnable en argent.	220000	0	0
	1310573	8	2

Par

Par la confrontation des sommes des deux Traités il conste que la Grande Bretagne paye pour 22404 Hessois autant que pour 142000 Russes. Tant notre facilité à prendre des Troupes à notre Solde nous a rendu peu attentifs à la valeur de notre monnoie.

Le nombre des Troupes de Hesse, que nous avons à soudoyer, est déterminé dans les suffrages à 22404 hommes; mais l'on espere que personne ne croira l'Auteur assez imbécille pour s'imaginer que ce nombre ait réellement existé dans aucun endroit. L'illustre Lord, qui étoit chargé d'office d'en faire la vérification, estimoit trop son honneur, pour dire lorsque la Chambre étoit sur le point de donner son consentement à la gratification de 200000 livres, que le nombre étoit complet, ou qu'il en avoit reçu une Liste en regle. Bien plus, l'Etat qui en fut dressé, & qu'il reçut le même matin des mains du Ministre de Hesse, ne portoit le nombre de ces Troupes qu'à 16000 Combattans & 465 Musiciens; ce qui étoit encore bien au-dessous de l'opinion générale où la Chambre paroissoit être à cet égard. Cependant on assuroit qu'il n'y manquoit guères plus d'hommes que dans les Anglois. Mais nous avons chez nous une Armée, exprès pour servir de pépiniere aux Allemands, & dont on peut tirer parti tout l'Eté, sans qu'on y prenne garde. Enfin on ne sauroit remé-

remédier au manquement des Troupes Hessoises, parce que nos Ennemis, étant en
possession du Pays, y enrôlent tous les jeunes
gens sous leurs Drapeaux, plutôt que de permettre qu'ils viennent se ranger sous les nôtres. Un de mes Antagonistes a dit que la
France payoit plus de Subsides que nous
n'en donnons, & probablement à beaucoup plus haut prix. Il seroit consolant
pour nous si, au-lieu de conjectures sans fon-
dement, il nous avoit produit un exemple
que les Subsides de la France montent a la
moitié de celui dont il est ici question. Nous
savons le prix des Subsides de la Russie.
Ceux de Wurtemberg sont-ils bien la quatrième partie de ce que la Hesse a reçu de
nous? Les François souffriront-ils que ce Duc
prenne leur argent, tandis que nous enle-
vons ses Soldats?

Si le Lecteur objecte sur le dernier Article
de 220000 livres, qu'il est appliqué dans
l'Etat aux dépenses de l'an 1760., il aura
la bouté de considérer que celles, occasion-
nées par les Contributions des François, regardent la même année. L'Eté prochain
nous aurons un nouveau Bill de fraix à
acquitter pour leurs incursions, si tant est
que le prochain Parlement veuille s'y prêter.

Si cet argent étoit pour les Sujets appau-
vris, il seroit du moins à souhaiter qu'il
ne fût pas distribué avant la fin de la

C 5

Guerre.

Guerre. Leur en faire aujourd'hui la répartition, ce seroit offrir aux François l'occasion de les dépouiller de nouveau, & exposer le Landgrave à nous être encore d'autant plus à charge. Encore un coup ce seroit enrichir l'Ennemi aux dépens de l'Angleterre, & grossir nos Comptes par la perte de nos espèces. Au reste je suis bien éloigné de croire que le Sérénissime Landgrave, dont l'humanité & la tendresse pour ses peuples sont connues voulût s'approprier cet argent à l'exclusion de ses pauvres Sujets. Un pareil soupçon donneroit trop lieu de penser que des Réformés marchandent avec un Souverain Catholique-Romain pour la ruine de ses Sujets Protestans.

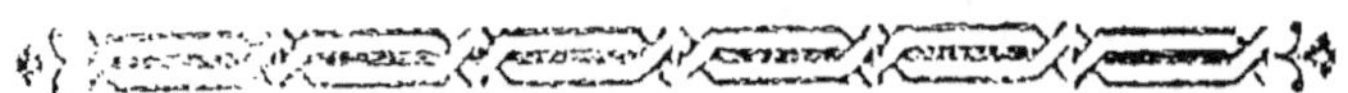

Les Notes, qui précédent, furent toutes écrites pendant les dernieres séances du Parlement, & l'Auteur estimoit avoir fini sa tâche; mais c'est à regret qu'il se voit obligé d'en appeller au jugement du Public si l'expérience n'a pas justifié cette année tout ce qu'il avoit avancé dans ses Considerations l'année dernière. Nous avons dépensé actuellement vingt millions. La plus grande partie de cette somme a été emploiée

en

en Allemagne & aux chofes rélatives à cette Guerre. Montreal fut pris l'année paf-
fée, Pondichery au commencement de celle-ci, & de ces vingt millions il ne s'eft pas
dépenfé la valeur d'un Scheling pour l'un ou
l'autre. Malgré tout ce que le Gouvernement
s'eft évertué de faire en Allemagne, nos forces y ont toûjours été très inférieures à celles
des François pendant toute cette Campagne
& les précédentes. La difcorde parmi leurs
Chefs & la feule bravoure des Troupes Bri-
tanniques furent caufe qu'ils ne purent les battre, non plus que ci-devant à Minden. On
a fait de ceci au Public un pompeux étalage,
comme d'une Victoire fignalée. Mais qu'y
a gagné la Grande Bretagne? Le jeu valoit-
il bien les chandelles que nous brulâmes dans
les illuminations, faites en rejouiffance de
cette Victoire? La Cour de Verfailles nous
prévint-elle par des propofitions après la Bataille de Fillinghaufen, ou en fimes-nous?

Quelques-uns des Antagoniftes de l'Auteur l'ont traité de préfomptueux, parce qu'il
prétendoit l'emporter fur le difcernement du
Public. Un homme de bien, après nous
avoir appris qu'il a vieilli principalement dans
les Affaires du Parlement d'Edimbourg, nous
envoie de là le fentiment de la Nation, &
s'étonne que tout Particulier puiffe contredire
le réfultat des fréquens Débats qui fe font-
élevés dans le Parlement Britannique. Telles

les perfonnes feroient peut-être furprifes d'entendre que le dernier Parlement, quoiqu'il
prodiguât en gratifications foixante-&-dix-
huit millions du Thréfor public, ne difcuta
jamais, depuis le premier envoi de Troupes
en Allemagne, la queftion fi cet envoi &
la Guerre dans ce Pays étoient de juftes ou
fauffes mefures.   Tous les grands hommes
du Royaume les ont ouvertement condam-
nées, foit à la fin de la derniere Guerre ou
au commencement de celle-ci, & pas un des
Membres les plus éclairés du dernier Parlement s'eft avifé de vouloir les juftifier.

Il y a une certaine façon de penfer, capable d'égarer le jugement le plus folide. L'i-
dée d'envoier nos Troupes en Allemagne ne
fut conçue que depuis fept ans. Y a-t-il
homme d'efprit, qui, fuppofé qu'avant ce
tems-là on lui eût demandé s'il feroit à propos pour la Grande Bretagne de s'engager
dans une Guerre du Continent contre la France, l'Allemagne, la Suéde & la Ruffie, n'auroit pris cette queftion pour un trait de dé-
mence, digne d'un Souverain mépris? A la
fin de la derniere Guerre une partie de notre
Miniftere, convaincue de la folie de combattre pour d'autres Nations, ne déclara-t-elle
pas que deformais les Puiffances du Continent euffent à avoir foin d'elles-mêmes? Ne
prit-elle pas même la réfolution de ne jamais
plus envelopper le Pays dans les Démêlés

qui

qui concerneroient l'Allemagne? L'autre partie de notre Gouvernement n'eut-elle pas recours, dans le commencement de cette Guerre, aux Difcours, aux Ecrits & aux Proteftations, jufqu'à fe démettre de fes Emplois pour le même Sujet? Cependant toutes ces extravagances des Guerres paffées ont été triplées dans celle-ci par le Parti même, des Harangues duquel on fe fouvient, & dont les Ecrits, qui préfagent tous les maux que nous fouffrons, exiftent encore. *l)*

D'un côté n'avons nous pas entendu un fameux Difcours, accompagné du fouhait que le *mot* Hanover *fût biffé du Dictionnaire Anglois?* De l'autre n'avons-nous pas vû un Membre diftingué de la Chambre des Communes tirer de fon fein fa main droite accablée

l) Voyez une excellente Brochure, intitulée Penfées refléchies fur le Syftême de nos derniers Traités avec la Heffe & la Ruffie, *chez J. Scott dans le* Pater-nofter-Row. *1756., & que l'on dit avoir été compofée par une Perfonne qui alors étoit entrée en Charge, & en fortit avec le dernier Miniftre.*

Je reconnois cette Perfonne pour mon Frere aîné, & beaucoup plus favant que moi, quoique je n'aie vû fon Ouvrage que quelques mois après avoir publié mes Confidérations.

blée de Goute, & la poſer ſur la table, comme un gage ſolemnel de ſa foi que l'on n'enverroit point un ſeul homme à Hanover?

Les Eſprits ſuperficiels conſidérent les choſes ſuivant leur prévention.   Ils ne liſent que pour ſe féliciter de leur ſagacité à découvrir ſi un Ecrivain eſt pour ou contre le Parti qu'ils épouſent, ſans penſer plus loin. L'honneur d'un Membre diſtingué des Communes, ou le maintien de trois à quatre Pairs dans leur Dignité ſont-ils un ſujet de plus grande importance que le ſalut de la Patrie? Les deux Partis ne ſavent-ils pas, & n'avouent-ils point en ſecret que ſous le Regne précédent la Nation ſacrifioit le ſang de ſes Sujets, épuiſoit ſes Thréſors, & touchoit même à ſa ruine pour ſoutenir une Querelle qui ne la regardoit aucunement, & pour aſſouvir l'avarice des Princes d'Allemagne, dont chacun s'eſt offert à la France dans la préſente Guerre?

Le Duc de Brunswick n'a-t-il pas declaré qu'il avoit négocié à Vienne & à Verſailles, & qu'il étoit convenu de prêter ſes Troupes à la France. *m*)   Le feu Landgrave n'a-t-il pas ſignifié dans le même tems à cette

Couron-

---

m) *Voyez ſa Lettre au Prince Ferdinand, dans laquelle il ſe plaint de ce que l'on avoit retiré ſon Fils de Hambourg contre le conſentement de ſon Pere.*

Couronne *qu'il ne defiroit rien avec plus d'ardeur que de s'attacher entièrement à elle, & de conclure un Traité en conféquence*, avec offre de fes Troupes & de fon fuffrage dans les Diettes générales & particulières, pour mettre fin aux troubles de l'Empire? Depuis ce tems-là, la Cour de Heffe ne nous a-t-elle pas toûjours menacé de nous quitter, à chaque fois qu'elle avoit befoin d'une augmentation de Subfides? Quel autre fens donnerons-nous aux Traités conclus dans les Printems des années 1759. 1760. & 1761., ou qu'affignerons-nous de moins au motif qu'on a eu de les conclure, finon qu'il étoit à craindre que les grandes entreprifes, que l'on méditoit alors, ne vinffent à échouer, fi l'on refufoit d'acquiefcer aux demandes du Landgrave? Depuis que notre Général Allemand prit le Commandement des Troupes, n'avons-nous pas vû, pendant trois Printems confécutifs, des entreprifes formées & manquées; la première, difoit-on, par fa lenteur; la feconde par la faute d'un Général Hanovrien, & la troifième par la trahifon d'un Allié, qui jamais ne nous tint parole? Quand même ces entreprifes auroient réuffi, aucune n'eût procuré le moindre avantage à l'Angleterre. Elles n'avoient pour but que d'amufer le Parlement qui tenoit fes féances, de tarir le Thréfor par des faignées de deux ou trois cens mille livres de mois en mois,

de

de donner aux Cours d'Allemagne occasion de profiter de nos besoins & de hausser leurs demandes.

Les deux Partis n'ont'ils pas témoigné trop de déférence, en plongeant la Nation dans cet état d'indépendance? Et lorsque nos Fonds baissoient sous le poids de plus de cent millions de dette, chacun ne s'est-il pas montré n'être que trop disposé à appesantir encore plus le fardeau, pourvû qu'il pût en rejetter le blâme sur autrui?

Parler d'Economie, tandis que nous continuons de nous ruiner de la sorte, c'est jetter de la poudre aux yeux du Public. En tentant des choses impraticables, nous nous sommes soumis de notre propre gré à la puissance des Etrangers, dont le seul objet est de nous piller & de nous réduire à leur discrétion. Nous en prendrons-nous à d'autres, parce que nous voulons bien le souffrir? Nous disposons du Thréfor public par millions dans un endroit, & nous envoions dans un autre des seconds nous-mêmes, pour nous faire un mérite d'économiser sur des centaines.

No. IV.

MEMOIRES

DE
NOTRE TEMS.

CONSIDERATIONS
SUR LA
PRESENTE GUERRE
EN ALLEMAGNE.

Nº. IV.

Nous avons multiplié nos Commiſſaires ſans fin & ſans uſage. On ſent d'abord que les appointemens étoient trop exceſſifs pour un ſeul. On en établit huit, puis ſix, & l'on en créa trois de plus, qui devoient avoir inſpection ſur les autres. A quoi tout cela a-t-il ſervi qu'à accroître la dépenſe ? Mon intention n'eſt point de blâmer perſonne; je ſuis plutôt porté à donner des louanges. Les deux parties du Gouvernement réunirent cet Eté leur attention & leurs efforts pour réprimer les abus exorbitans qui ſe commettoient dans la dépenſe des fourages & des extraordinaires. On chercha de côté & d'autre des per-

D

ſonnes

sonnes capables d'exercer l'Emploi de Commissaire, que des gens fort entendus refuserent d'accepter. Je ne doute pas que ceux, qui s'en chargerent, n'aient fait leur possible pour le Bien public; Mais quel fruit ont produit leurs travaux? L'Armée en Allemagne, moins nombreuse cette année que la précédente, a été plus dispendieuse. Que faire dans un Pays ruiné, où nous sommes haïs, & où tout le monde, depuis le Chef jusqu'au moindre des Sujets, est d'accord pour nous leurrer? Que peut-on esperer d'un service où aucun Prince sur la terre ne fait cause commune avec nous, où nos Alliés, & même nos Généraux, sont tous gagés par leurs Pensions, & ne prennent pas le moindre intérêt à aucune chose qui nous regarde, excepté qu'ils convoitent notre argent?

On peut se faire un nom, en parlant d'Economie dans les Assemblées publiques; mais si ces Econômes souhaitent d'être utiles, qu'ils appliquent le remede à l'endroit où git le mal, & qu'ils tiennent des propos sur l'Epargne dans ces Cours, où l'on n'a eu en vûe jusqu'ici que de prendre sur nous tous les avantages que nos besoins leur ont procurés. Raisonner d'Economie en public, après nous avoir mis secrettement à la merci d'une Chancelerie Allemande, cela s'appelle insulter au malheur de la Nation, loin de l'adoucir. C'est le théâtre de la Guerre & la manière

de

de la faire qu'il s'agit de changer, si l'on est réellement intentionné de consulter l'Economie. C'est de la pousser uniquement sur la Mer, & sur-tout, aux Indes Occidentales Françoises, & voilà ce qui doit prouver le zèle pour le Bien public, au-lieu qu'en insistant en faveur d'une Guerre dans l'Empire, tandis que l'on parle d'Epargne, c'est premiérement causer un mal incurable, & vouloir ensuite se faire un mérite de crier au secours. *n*)

Pour la satisfaction du Lecteur, j'ai extrait des Résolutions par suffrages du Parlement les diverses gratifications accordées pour les Troupes subsidiaires, & leur paye pendant l'année 1760. †) Il conste de là que la dépense des Troupes Hessoises est si exorbitante, qu'elle seroit incroiable, si elle n'étoit averée.

1759.

n) *Quelques uns de mes Lecteurs ne savent peut-être pas que pendant que nous prodiguions le Thrésor public par des Traités les plus inconsidérés, un Député Orateur ne cessa dans l'Assemblée du dernier Parlement de prêcher l'Economie, & de dire que nous nous étions épuisés, non par la Guerre d'Allemagne, mais faute d'avoir ménagé l'argent.*

†) *Voy. la gr. Table ci-jointe.*

D 2

	Liv.	Sols	Den.
1759. 6 Nov. Pour la Milice dans la partie méridionale de la Grande Bretagne & deux Bataillons Ecossois pendant 122 jours, depuis le 25 Décembre 1759. jusqu'au 25 Avril 1760.	162006	4	1
1760. 28 Avril. Pour la Milice en Angleterre & en Ecosse jusqu'au 24 Octobre 1760.	260104	16	
Pour Uniformes pendant l'année 1760.	30722	0	
24 Mai. Pour Milice non - incorporée, jusqu'au 25 Mars 1761.	80000	0	
	472833	1	

La principale raison que l'on alleguoit ci devant contre l'envoi de nos Troupes en Pays étrangers dans toutes les occasions de Guerre est que l'on pouvoit avoir un nombre de Subsidiaires pour la moitié de ce que nous couteroient les nôtres. Mais on estime aujourd'hui si peu nos Nationaux, que l'on donne

GRATIFICATIONS

Accordées pour les Troupes étrangeres, Subsidiaires de la Grande Bretagne, pendant l'année 1760.

Date		Livres. sols. den.	Sterl. Liv. sols. den.
1759. Nov. 27.	Pour 38750 hommes de Troupes de Hanover, de Wolfenbuttel de Saxe-Gotha & Buckebourg.	447882 10 5	
1760. Fev. 11.	Pour 1001 Hanovriens de Cavalerie légere. . . .	34333 8 0	
Avril 26.	Pour 959 Cavaliers } 1454 Fantassins } de Brunswick.	66926 3 0¼	
29.	Pour 1030 hommes d'augmentation de ces Troupes. .	23843	
	43164		
1760. Déc. 16.	Pour suppléer au défaut d'une somme accordée pour ces Troupes dans les dernieres Séances.	2579 10 0	
1759. Nov. 27.	Pour 2120 Cavaliers } 9900 Fantassins } Hessois. . . . , .	268874 16 8	573554 17 4¼
27.	Pour 920 Cavaliers } 6072 Fantassins } de Troupes additionnelles de Hesse	97850 4 10	
Déc. 20.	Pour faciliter au Sérénissime Landgrave les moiens de fixer de nouveau sa résidence dans ses Etats.	60000 0 0	
1760. Fev. 11.	Pour quatre Escadrons de Chasseurs & Hussards Hessois.	20776 5 5	
Avril 29.	Pour une augmentation ultérieure de Cavaliers & Fantassins Hessois.	101096	
1761. Mars 7.	Pour un secours raisonnable en argent par rapport au dommage causé par les François dans le Landgraviat en 1760. fixé à 120000 livres, payables sur le champ, & 100000 liv. de plus en deux ans. . . .		768597 10 1
1760 Avril 29.	Pour 505 Cavaliers 2500 Fantassins } d'une augmentation de l'Armée du Roi, consistant en cinq Bataillons de 102 Chevaux & de 500 hommes de pied . . .		52902 19 2
	On dit ce Corps composé de gens de toutes Nations & de Deserteurs de tous services, qu'aucun Pays en Allemagne veut avouer. Il porte le nom de *Légion Britannique*.		
1759. Déc. 17.	Au Roi de Prusse.		670000 0 0
Nov. 27.	Pour 57294 hommes de Troupes Angloises, compris celles en Allemagne, 1383748 0 10.		
	Pour 24000 hommes de Troupes Britanniques en Allemagne, comptés seulement pour un tiers du nombre susmentionné.	461249 comptés à	500000 0 0
	Pour fourage & extraordinaire supposés dans la derniere Séance avoir monté à, . . .		2167903 12 6
			4733495 8 19 1¼
1759. Sept. 30.	Pour l'ordinaire de l'Artillerie concernant le service de terre en l'année 1759.	Liv. sols. d. 230296 4 6	
1760. Déc. 2.	Pour l'extraordinaire de l'Artillerie concernant le même service en 1760. .	426449 4 9	
		656645 9 3	
	La proportion de cette somme pour le compte du service en Allemagne n'est point encore réglée.		
1761. Déc. 9.	Pour transport & vivres des forces de terre depuis le 1er Octobre jusqu'au 30 Sept. 1760.	479035 10 2	808514 9 0
	Pour Solde d'une année entiere aux Troupes Hessoises, que la Nation s'est obligée de payer jusqu'à la fin de la Guerre par le Traité du 1er Avril 1760. .	200000 0 0	
1761. Fev. 17.	A la Chancellerie de Guerre de Hanover pour pain, fourage & chauffage, fournis aux Troupes de Hesse en 1757 & 1758, n'étant que la Balance d'une plus grosse somme 336479 liv. 14 f. 1 den.		
	Pour la dépense de la Milice, qu'on n'auroit pas eu besoin de mettre sur pied, si les Troupes nationales n'avoient point été envoiées en Allemagne. . . .	472833 1 4	

donne pour un Soldat Heſſois le double du prix d'un Anglois. Que dis-je? nous avons même été ſi mal-aviſés, que nous payons pour 22000 Heſſois *) une ſomme beaucoup plus conſidérable que pour 43000 hommes de Wolffenbuttel, de Hanover & de Brunswic, ou pour 100000 Ruſſes. *o*) Cependant lors même que nous étions ſi prodigues du Thréſor public dans nos Traités, leurs Apologiſtes déclamoient continuellement ſur l'Economie.

Bien des gens parmi nous ſe recrient ſouvent contre la dépenſe concernant la Milice. Je ne vois pas, je l'avoue, pourquoi ces Troupes Provinciales ne ſeroient pas auſſi bonnes & mériteroient moins que d'autres. Au moins ces gens devroient penſer équitablement ſur le compte de ceux qui leur confient la principale défenſe de nos foyers, pendant qu'ils envoient nos Troupes Nationales combattre pour les intérêts de Puiſſances Etrangères.

Quelque fondée que puiſſe être l'objection de ces Mrs. contre la dépenſe d'une Milice, certainement on ne ſauroit ſuppoſer qu'elle eſt un effet de leurs zèle pour l'intérêt de la Patrie, eux qui opinent tranquillement d'envoier hors du Royaume le double de la ſomme pour l'entre-

D 3

tien

*) *Dont il faut déduire un quart.*
o) *Voyez Pag. 39.*

tien d'Etrangers, dont le nombre ne surpasse guères de la moitié celui de la Milice. Après tout convient-il de trouver à redire à une dépense si modique en comparaison de celle que nous faisons lorsque nous payons pour des Paysans d'Allemagne autant que nous couteroit un nombre égal de Miliciens, si chacun avoit les appointemens d'un Enseigne? Le Parlement Brite appréciera-t-il le service d'un Soldat Allemand sur le pied de celui d'un Officier Anglois, uniquement parce qu'il n'est pas dans le cas de combattre pour l'Angleterre?

Le Lecteur pourroit naturellement soupçonner que l'on rapporte deux fois en ligne de compte les 60000 livres Sterl. pour le retour du Landgrave dans ses Etats; mais je n'accuse pas plus que le Parlement ne lui a adjugé par suffrages. Il ne paroit pas non plus que le Public ait acquitté ces sommes; que les remises en aient été faites, ni qu'on ait eu dessein d'en faire cette année. Les 60000 livres pour l'an 1760. passerent à la pluralité des voix dans les séances du 18 Décembre 1759.; l'article séparé, portant promesse de dédommagement, ne fut agréé qu'au mois d'Avril suivant, & le Prothocolle, qui fixoit le montant de ce secours raisonnable, ne fut signé que le 3 Mai 1760.

Qu'a donc gagné la Nation par cette clause inserée dans le Prothocolle (*en y comprenant le Subside extraordinaire?*) Des mots, & rien de plus.

plus. Le Landgrave avoit reçu ses 60000 livres pour l'année 1760.; il esperoit de faire une nouvelle demande d'un secours raisonnable en dédommagement des ravages causés par les François en 1761., & il consent ensuite de renoncer à la prétention de 60000 livres, afin d'être en droit d'exiger de nous quatre fois la somme.

D'autres objecteront peut-être que l'on rend les Hessois débiteurs d'un quart des dépenses & des extraordinaires. Je réponds que le nombre de leurs Troupes, qui consista originairement en 22404 hommes, forme la quatrième partie de l'Armée. L'illustre Lord, que l'on doit supposer par sa Commission avoir été le mieux instruit de leurs différentes Listes, à informé sa Chambre qu'il croioit le Corps des Troupes Hessoises aussi complet que les autres différens Corps. Par conséquent un million, 310573 livres Sterl., divisés par 16000, donnent à chaque homme 82 livres, 18 sols & trois deniers. Le nombre impair de cette somme augmentera les Appointemens des Officiers, en laissant aux Soldats 80 livres par tête. Preuve sensible que nos Négociateurs & nos Alliés ont cruellement foulé la Nation; mais ceci n'approche point encore du total des dépenses auxquelles ils nous ont assujettis. L'article de 336479 livres, 14 sols & un denier pour portions, rations & chauffage des Hessois n'est point ajouté aux autres sommes contenues

nues dans l'Etat, parce qu'il n'appartient pas proprement aux fraix de l'an 1760., mais à ceux des deux années précédentes. On n'en fait ici mention que pour donner au Lecteur une idée des arrérages auxquels la Nation doit s'attendre à la fin de la Guerre. On dit qu'il y a plusieurs postes de cette nature, un entre autres fort extraordinaire, & qui monte fort haut. C'est celui stipulé dans le Traité avec la Hesse pour l'an 1760., par lequel le Public est tenu de donner au Landgrave la paye d'une année entière après la fin des troubles. J'ai parcouru la plûpart des Traités de Subside conclus depuis la Révolution; aucun ne renferme un pareil article. Le plus qu'on ait jamais donné lors du licentiement des Troupes, s'est réduit à la paye d'un mois. Les Mercenaires sont Domestiques, & jamais avant ils n'ont prétendu être au-dessus de cette qualité. Mais notre grand Ministre, dont la grandeur de ses principales mesures suivant son Plan paroît avoir été l'excès de nos dépenses, n'a pas accordé moins au Landgrave que douze mois de paye pour ses Troupes, après que nous n'aurions plus à faire avec elles. Concluons de là que le dernier Parlement a été si implicitement conduit & dirigé, qu'il semble que le Public n'en ait jamais pris aucune connoissance.

No. V.

MEMOIRES

DE
NOTRE TEMS.

NOUVELLES

CONSIDERATIONS

SUR LA

PRESENTE GUERRE

EN ALLEMAGNE.

No. V.

ON dit que par les Revûes on a trouvé que les Troupes Heſſoiſes étoient encore plus incomplettes; mais en les inviſageant dans leur premier état, elles forment un Corps moins nombreux que le Clergé de ce Royaume. J'ai devant moi un Etat de tous les Revenus eccléſiaſtiques dans cette Isle. Après avoir calculé ceux des Archevêques, Evêques, Doyens, Archi-Doyens, Chanoines, Recteurs & Vicaires, la valeur de toute la maſſe, compris ce que rapporte l'Egliſe d'Ecoſſe, monte à une ſomme moins conſidérable que celle qui ſort actuellement du Pays pour entretenir un

E   nombre

nombre inférieur de Troupes Heſſoiſes. Que pouvons-nous penſer d'un digne Membre du Clergé, qui, conſacrant ſa vie aux devoirs de ſa Cure, maintient ſa famille pour quarante livres par an, tandis que nous dépenſons le double pour un ſimple Soldat étranger? Concoureront les Pères de l'Egliſe Anglicane à opiner que le ſervice d'un Payſan Heſſois en Allemagne égale en valeur les travaux de deux Curés Anglois?

Si l'on évalue à onze millions tous les Sujets du Roi dans la Grande Bretagne, en Irlande & dans les Colonies, au moins il y en a dix millions de ce nombre, qui d'eux-mêmes n'ont pas quarante livres à dépenſer tous les ans. Cependant nous eſtimons à ſi haut prix le ſervice de nos Mercenaires Allemands, que nous mettons le moindre d'entre eux au rang de notre petite Nobleſſe. Quelle offenſe ont commiſe les Pauvres de la Grande Bretagne, ou en quoi a péché contre le Parlement un Garçon Laboureur, qu'il faille, lorsqu'il ne gagne journellemen qu'un Scheling à la ſueur de ſon front, qu'il ſoit taxé à donner ce petit gain pour entretenir un Etranger de même condition que la ſienne, & qui tire quatre Schelings & ſi ſols par jour? ... Les Repréſentans de Communes en Angleterre continueront-ils d diſtribuer ſi inégalement le Thréſor public?
Dan

Dans la derniere Guerre feu S. M. acheta, au prix du fang de fes Sujets & des conquêtes les plus importantes de fa Couronne, la confervation de la Maifon d'Autriche, qui fut affermie par la Paix d'Aix-la-Chapelle. . . . Ces expreffions ne font pas les miénnes, mais celles du Roi. *p*) En tenant le langage d'un Politique admiré, S. M. dit „ qu'Elle avoit „ prodigué fes Thréfors & fes Troupes, & „ facrifié l'intérêt de fes Royaumes pour ré„ tablir cette Princeffe, (la Reine de Hon„ grie) dans la poffeffion de fes Etats Hé„ réditaires, *q*) ” . . . . Qui doute que nous ne nous condamnions nous mêmes un an après la Paix, fi nous faifions de pareils facrifices à quelque autre Prince Allemand, qui probablement n'eut jamais la volonté, & qui certainement ne peut jamais avoir en fa puiffance de rendre le moindre fervice à la Couronne de la Grande Bretagne?

Devons-nous donc violer la foi à fon égard? Non, rempliffons fidélement tous les engagemens que nous avons contractés par nos Traités, fans nous ruiner pour l'amour

E 2

de

----

p) *Voy. le Mémoire de l'Electeur de Brunswick à la Diette de l'Empire, en Novembre* 1758.

q) *L'Expofition des Motifs du Roi de Pruffe.*

de lui.   Nous nous sommes, il est vrai, obligés par un Traité, dont aucun siecle n'a fourni d'exemple, de ne point conclure de Paix à son exclusion, sans autre condition que celle qu'il acceptera notre argent. Mais il n'y a point de Convention entre les deux Couronnes, qui nous aftreigne à entretenir une simple Brigade Angloise en Allemagne, ni de lui continuer ses Subsides au-delà du mois courant.   Aucun des Traités, je pense, qui ont été mis devant le Parlement, ne contient ces stipulations; mais c'est sur la foi de ceux-là uniquement que se font faites toutes les gratifications du Thréfor public, & il est à esperer qu'aucun Ministre n'a jamais été aftez grand pour avouer qu'après avois lié la Nation par un Traité, il l'avoit enfuite trompée, en mettant un autre fur le tapis.

J'ai fupputé toutes les fommes accordées par le Parlement pour le fervice en Allemagne depuis 1720. jufqu'à 1740.

ETAT

ETAT

DES

GRATIFICATIONS.

Pour Subsides & Forces étrangeres.				Et des suffrages de Confiance pour concerter des mesures avec certaines Puissances.			
	Liv.	sch.	sols.		Liv.	sch.	sols.
1721.				1721.	720	0	0
1726.	75000	0	0	1726.	125000	0	0
1727.	200000	0	0	1727.	250000	0	0
1728.	305923	11	8	1728.	60000	0	0
1729.	316259	1	3	1729.			
1730.	266259	1	3				
1731.	247509	1	3				
1732.	22694	7	6				
1733.							
1734.	39937	10	0	1734.	31237	10	0
1735.	56250			1735.	10393	5	11
1736.	56250	0	0				
1737.	42187						
1738.							
1739.	70583	6	8	1739.	476340	17	0
	1768853	9	7		1024971	12	11
					1768853	9	7

Total L. 2793825 2 6

E 3   Je

Je laisse à part celles que le Ministre de ce tems accorda pour le service de l'Electorat; car il se seroit attiré une accusation par l'aveu d'avoir fait quelque envoi dans le Pays; mais je ne comprends ici que toutes les gratifications contre lesquelles ses Adversaires ont formé des objections, comme si elles étoient destinées à appuyer les intérêts de Hanover. J'entends par-là les gratifications pour Subsides & forces étrangeres, ainsi que les suffrages de Confiance pour concerter des mesures avec certaines Puissances. Toutes ces sommes réunies montent dans l'espace de vingt ans à deux millions 793825 livres, deux Schelings & six Sols. Telles furent les sommes considérables qu'arracherent ces torrens d'éloquence; sommes, contre lesquelles se roidit toute la force & la vigueur de cette nombreuse bande de l'artisans zélés pour la Patrie, qui se distingua par son opposition. Je n'ai pas le mot à dire en faveur de l'envoi d'un seul Scheling en Allemagne; mais nos censures affectent legérement les cendres de celui, qui par de semblables petits sacrifices d'environ cent mille livres chaque année pourroit flatter les préjugés naturels de nos Rois Allemands pour leur Pays natal, & tenir le Royaume en Paix. Ces Patriotes, qui ont vécu pour embaumer sa mémoire, peuvent maintenant concourir, ou consentir au moins par suffrages à nous faire débourser pour le

service

service en Allemagne deux fois autant en un an qu'il dépensa dans le cours de vingt an- nées. L'écervelée multitude est prête à nous répondre *qu'alors nous étions en Paix, & qu'aujourd'hui nous sommes en Guerre.* Mais elle est trop mal-habile pour donner aucun spécieux prétexte à un procedé qui est le principal surcroît de nos malheurs. Elle ne dira pas que parce que nous sommes engagés dans une Guerre qui nous touche particulièrement, & qui nous coute chaque année six millions, nous devons par cela même nous plonger dans une autre qui nous est étrangere, ou qui peut nous mettre plus en état de dépenser six, sept & huit millions pour une Guerre en Allemagne.

Je n'ai pas dessein d'offenser qui que ce soit; aussi je ne doute point qu'on ne me pardonne; mais dans les Débats de 1732. à l'occasion des risques d'avoir sur pied une Armée qui ne consistoit qu'en dix-sept mille hommes, au-lieu que la nôtre aujourd'hui monte à cent mille & seize têtes, je lus le passage suivant, que l'on me permettra de rapporter, uniquement pour faire voir à quel excès nous poussons les choses: Mr. P.... y ajouta avec beaucoup de vérité, ,, que la ,, raison pourquoi une Armée Angloise cou- ,, toit plus au Public qu'une Armée étrangere, ,, est la trop grande multitude d'Officiers; ,, que l'on pourroit entretenir en Allemagne

E 4   ,, soixante

,, foixante mille pour le même argent que
,, l'on en entretiendroit dix-huit mille dans
,, la Grande Bretagne, & qu'il étoit bien
,, informé que les douze mille Heffois à la
,, Solde du Gouvernement avoient couté beau-
,, coup moins que les autres ne coutent par
,, an à la Nation " r).   Comment ces grands
hommes fe feroient-ils alos regardés fur le
Théâtre? Auroit-on pû croire, dès ce tems-
là, que nous verrions encore de nos jours le
contraire de cette propofition fe vérifier, &
qu'actuellement il feroit décidé par nos fuffrages de donner pour l'entretien de dix-huit
mille Heffois en Allemagne autant que pour
celui de foixante mille Anglois dans la Grande
Bretagne? Voila cependant quels font les arrangemens actuels entre nous & les Heffois. s)

Que n'entendimes-nous pas dire enfuite à
d'autres Patroites touchant les Confeils de
Hanover, le timon & le gouvernail de l'Electorat? Maintenant on peut dire que non feulement nous avons fretté un Vaiffeau au prix

de

r) *Continuation de l'Hift. de Rapin.*

Liv.   Sch. Sols.

s) 1759. 27 *Nov.* Pour
       57294 *hommes de*
       Troupes Angloifes.   1383748   0   0
       16000 *Heffois coutent* 1310573   0   0
       (*pag.* 38) *outre*
       une annee de paye,

de l'or de la Grande Bretagne, mais envoyé
le Vaisseau, le fret, le timon & tous ses agrêts
à Hanover. Le son des millions nous est devenu familier, & ceux, qui ne font pas attention aux Comptes, pesent peut-être nos
dépenses, plutôt en bloc qu'en détail. Je ne
parle point par conjecture, mais sur des preuves exactes d'Arithmetique. Un Vaisseau de
cinq cens tonneaux le mieux construit ne sup-
porteroit pas le poids d'or pur que toute cette
Guerre nous a couté. Heureusement pour
nous & contre toute attente, le Vaisseau national s'est trouvé trop chargé; car qui ne
trembleroit de s'exposer aux flots avec une si
riche cargaison, ou qui de nous, par intérêt
personnel ou de famille, pousseroit la témé-
rité jusqu'au point d'essayer combien il lui
manque encore de tonneaux pour la submer-
ger?

Le Systême de l'Europe, qui par l'union
des autres Etats formoit un bouclier contre la
puissance de la France; toutes ces grandes
Alliances, à l'aide desquelles la Grande Bretagne a remporté tant de Victoires *réelles* sur
le Continent, & auxquelles elle doit même
toute sureté, comme je le remarquerai tantôt,
ne font plus à esperer. Jusqu'ici j'ai supposé
dans mes *Considérations* qu'il existoit encore
en Europe une espèce de Balance & un intérêt
commun de la maintenir, parce que toutes
les raisons, qui nous intéressent à prendre

 part

part aux Guerres fur le Continent, doivent renfermer celle-ci.

Auffi-longtems que cet intérét pour le maintien de la Balance de puiffance en Europe fubfifta dans l'idée des principaux Etats, certainement il importoit à la Grande Bretagne de fe joindre à eux contre le plus dangereux de fes Rivaux. Mais à préfent que plufieurs Puiffances du Continent & toutes les Cours d'Allemagne font totalement divifées; que nous nous fommes fi longtems mêlés de leurs Querelles particulières; qu'on ne fauroit plus fe flatter de voir une union générale contre la France; que nous avons même fi fouvent fait montre de nos richeffes & de notre crédit; qu'enfin nous nous fommes fucceffivement attiré l'inimitié de chaque Potentat de l'Europe, jufque-là qu'ils paroiffent être auffi jaloux de nous que de la France: Au-lieu que nous tenions la Balance entre nous & cette Couronne, ils épient le moment d'établir l'Equilibre entre eux & la Grande Bretagne.

Quoique l'ancien principe, que la Grande Bretagne n'avoit rien à faire par terre, fût mal entendu, parce que nous étions réellement unis avec les Etats du Continent; cependant aujourd'hui que toutes ces Puiffances nous ont abandonnés, le principe eft fûrement fondé en raifon. Nous ne pouvons avoir rien à faire avec Elles, puisqu'Elles ne

veulent

veulent entrer dans aucun intérêt avec nous, hormis que pour prendre notre argent & s'en servir. Aussi la Grande Bretagne doit présentement veiller à sa propre sûreté. Son salut contre la France dépend uniquement de ses armes sous la protection de la Providence.

La France, en encourageant le Roi de Prusse à troubler l'Empire pendant la derniere Guerre; l'Angleterre, en obligeant l'impératrice-Reine de cooperer avec la France dans celle-ci, & en attirant en Flandres les Armées Françoises dans la précédente, par où elle priva ses Alliés naturels de leur meilleure défense, ont fait changer tout le syllême de l'Europe. La Barrière & son Traité ne sont plus que des êtres chimériques, & la Hollande se trouve si exposée aux entreprises de la France, qu'elle n'ôse nous prêter du secours, malgré tout l'attachement qu'elle pourroit avoir pour nous. Il ne reste donc à la Grande Bretagne que de s'en tenir à l'appui de ses Flottes. Aussi le maintien de cette supériorité & l'obstacle que la Marine de France ne puisse encore une fois égaler la nôtre sont devenus des objets beaucoup plus importans que jamais, & qui décident de notre conservation. Nous avons, il est vrai, abymé les forces maritimes de cette Puissance, quoiqu'avec une augmentation de dettes immenses & au moien d'impositions si fortes sur notre industrie, qu'elles ne peuvent qu'accabler

cabler notre Commerce d'un lourd fardeau après la Paix, & nous rendre incapables de soutenir de longtems aucune Guerre. Tristes réflexions pour tout homme qui pense! mais enfin la Marine de l'Ennemi est heureusement détruite. Or qui pourra me dire, supposé que nous dûssions restituer plusieurs Conquêtes, & laisser en partie à la France sa Pêche & son Commerce de Sucre, à quel point un habile Ministre pourroit porter sa Marine en dix ans de Paix? Quelque braves que nous puissions être, pensons-nous qu'après avoir une fois vaincu nos Ennemis, nous devons toûjours les battre? Il seroit à propos, pour diminuer notre confiance, de se ressouvenir qu'au tems de Charles II. la France n'avoit dans nos Mers qu'un seul Vaisseau à joindre à la Flotte Hollandoise, & que c'étoit-là toute la force navale qu'elle eût alors dans le Port de Brest. Ensuite il lui vint de la Méditerranée quinze petits Vaisseaux sous les ordres du Duc de Beaufort, mais qui ne firent rien. Peu de tems après la Paix d'Aix-la-Chapelle, Louis XIV. équippa soixante Vaisseaux de Ligne, & en 1690. sa Marine devint si formidable, que la Flotte Françoise repoussa d'une pointe de terre celles combinées d'Angleterre & de Hollande, & qu'elle resta la plus grande partie de l'Eté maitresse de la Manche, en menaçant nos Cotes, ouvertes de toutes parts. L'Anglois ne dut sa

sûreté

sûreté qu'à ses Alliés du Continent. Les Troupes Françoises agirent sur leurs frontières reculées contre les Allemands, les Espagnols & les Savoyards, qui firent cette diversion à leurs propres fraix, & non à nos dépens. Joint à cela que la Bataille de Fleurus en Flandres dissipa tellement les forces de la France, qu'elle ne put retirer de leurs débris un nombre suffisant pour tenter une invasion dans la Grande Bretagne. Mais ceci fut un moïen de délivrance que nous ne devons jamais plus nous promettre. C'est pour quoi il nous importe de consulter dans les présentes circonstances notre propre sûreté, plutôt que celle des Pays éloignés qui ne nous concernent point. La condition actuelle des deux Nations est telle, que nous avons besoin d'une grande supériorité sur mer, si nous voulons nous conserver. La Providence nous a donné les moïens de nous l'assûrer à jamais, & il n'y a que le plus funeste des attachemens pour l'Allemagne qui puisse y apportée de l'empêchement.

Le Traité de Closter-Seven termina la premiere Guerre en Allemagne, & l'Angleterre, par un Accord aussi exprès de toutes les Parties, n'y avoit plus aucun intérêt. Depuis, nous avons été enveloppés dans deux Guerres, tout-à-fait différentes l'une de l'autre; une Guerre pour la Cause de la Grande Bretagne, & une Guerre en Allemagne, une Guerre de

nécelnéceffité & une Guerre de choix; une Guerre d'acquifition & une Guerre de dépenfe. Les louables préjugés du dernier Regne, les vûes intéreffées des Courtifans & le grand pouvoir des Particuliers, propriétaires des Plantations, ont concouru à nous faire confondre ces deux Guerres, & faute d'avoir fû les diftinguer, nous nous fommes jettés dans une dépenfe de quarante millions pour ruiner l'Allemagne, pour n'être utiles en rien à la Grande Bretagne, ni même à aucune Cour dans l'Empire, excepté à celle de Berlin. Aujourd'hui la Marine de France étant ruinée, il n'y a pas la moindre connexion entre notre Guerre particuliere & celle d'Allemagne; elles font auffi divifibles que deux autres dans lesquelles l'Angleterre peut être engagée feparément, auffi différentes qu'une Guerre d'Efpagne & une Guerre de Suéde. Que l'on faffe cette diftinction, & l'intérêt de la Nation indiquera fur le champ ce que l'on doit faire. Les deux Partis aiment à les confondre, pour avoir chacun un prétexte de blâmer la conduite de leurs Adverfaires, & de juftifier la leur.

Il nous faut la Paix, dit-on d'un côté; nous ferons ruinés par les dépenfes de la Guerre. L'argent ne nous manque pas, crie-t-on de l'autre: le Peuple eft auffi difpofé à prêter que le Gouvernement à faire des emprunts; n'acceptons point de Paix honteufe. Les deux Partis difent vrai d'une part, & raifonnent

faux

faux fur l'autre. Aucun d'eux ne confidére fa Patrie; autrement ils diftingueroient néceffairement ce qui lui eft avantageux ou préjudiciable. Ceux, qui à toute force veulent la Paix, fouhaitent-ils fincérement de fauver la Nation des ruineufes dépenfes qu'elle continue de faire? Que n'exécutent-ils donc ce qu'ils defirent? Au-lieu d'attendre la Paix de nos Ennemis, donnons-nous-la à tout prix: *Quid opus eft votis, fac te ipfe felicem?* Au-lieu d'afpirer à la Paix générale, arrêtons feulement le cours des Dons gratuits que nous répandons tous les ans fur nos Alliés au-delà de ce qu'ils peuvent prétendre à titre de Traité, & dès ce moment la Guerre ceffera en Allemagne pour faire place à la Paix. Si quelqu'Ennemi refufe de traiter avec nous, à la bonne heure, pouffons la Guerre d'acquifition. Celle de dépenfe, que nous aurons éteinte, n'occafionnera plus l'effufion du fang Anglois, & le Thréfor public ne fera emploié que pour les Sujets de la Grande Bretagne, bien loin de le prodiguer en Allemagne, uniquement pour arrêter la rapidité de nos Conquêtes, & pour y tenir nos playes ouvertes, jufqu'à ce que nous foyons affez découragés pour accepter telle Paix qu'il plaira à nos Ennemis de nous accorder.

Les autres, qui criaillent contre la conclufion de la Paix propofée, croient-ils réellement

ment que nous pourrions en faire une meilleure? Eh! d'où vient ne travaillent-ils pas à terminer la Guerre de dépense, eux qui savent qu'à la fin elle ne peut que nous procurer une Paix desavantageuse, ou pourquoi ne se bornent-ils point à pousser la Guerre d'acquisition, le vrai moien, connu d'un chacun, de forcer nos Ennemis à nous accorder une Paix satisfaisante?

En un mot si la Grande Bretagne est une Souveraineté libre & indépendante, la Providence nous a mis en état de soutenir notre Guerre aussi longtems que nous le jugerons à propos, & de réduire nos Ennemis a agréer les conditions qu'il nous plaira de leur prescrire. lesquelles, j'espere, seront toûjours modérées. Si d'un autre côté ce Pays est seulement destiné pour servir de défense à un autre qu'il ne sauroit protéger, en ce cas nous pouvons encore lutter un bout de tems, jusqu'à ce que notre argent & notre patience soient tout-à-fait épuisés; mais ce sera à la France, & nullement à nous, à dicter les articles de Paix, après laquelle, nos Ennemis nous tiendront toûjours dans l'esclavage par la crainte des maux qu'ils savent que nous ne devons pas supporter, & que nous ne pouvons prévenir.

No. VI.

MEMOIRES

DE
NOTRE TEMS.

CONSIDERATIONS

SUR LA

PRESENTE GUERRE

EN ALLEMAGNE.

Nᵒ. VI.

VOULOIR nous confoler par l'idée que nos Ennemis font banque-route & qu'ils font ruinés, c'eft parler à l'avantage de notre ignorance, & nous faire illufion fur le nôtre.

On nous a repeté la chanfon pendant trois années confécutives; *La France*, difoit-on dans le Parlement après la Bataille de Minden, *perit & ne l'ignore pas. Ses efforts font les derniers d'une puiffance expirante; c'eft un mouvement convulfif de la mort.*

Cependant nous l'avons vûe nous furpaffer toûjours en forces dans l'Empire. Peut-être

F   pourroit-

pourroit-on dire que la Campagne de 1762 sera certainement la dernière. Si cela est, elle vaudroit bien tout le reste, & c'est dommage sans doute de perdre une brebis pour la valeur d'un sol de goudron. Mais l'Eloquence ne connoît point de termes si bourgeois pour s'exprimer. Supposé néanmoins qu'au-lieu d'un tel Proverbe, nous entendissions la même opinion conçue en phrases hardies & poétiques, ornée de belles allusions, pleine de métaphores fleuries, & de métonymies bourgeonnant en pronoms d'*eux* & de *leur*, l'opinion en seroit-elle d'autant plus vraie? Toutes ces fleurs de Rhétorique pourroient former un magnifique bouquet pour recréer l'odorat des Dames Angloises ... mais la senteur n'en seroit pas mortelle pour les François. Nos Ministres d'Etat ont beau s'amuser à entasser des tropes & des similitudes. ils n'ameneront pas les troubles à une plus prompte & heureuse fin.

En vain, hélas! nous esperons de bannir les François de l'Allemagne, Pays où ils n'ont rien à perdre. Cinq fois nous avons essayé de rouler jusqu'au sommet de la colline cette grosse pierre *t*), pour la tourner de l'autre

---

t) *Dans les derniers momens d'une fâcheuse Guerre, lorsque, pour parler poétiquement,*

la

l'autre côté fur la tête de nos Ennemis, &
quand même nous pourrions réiterer autant
de fois la tentative, nous éprouverions qu'elle eft au-deffus de nos forces, '& que la pierre retomberoit fur nous-mêmes. Fâcheux
préfage pour les mauvais Politiques, qui ap-
pelleront les Auteurs Claffiques à leur fecours!
Virgile & Horace *n*), quoique fouvent feuil-
letés, ne nous feront pas favorables. Le
vieux Homere & toute fa Mythologie fe dé-
clarent contre nous. Le Deftin a refolu que
ces travaux de Sifyphe feront inutiles; & la
Bravoure elle-même, malgré tout fon em-
preffement, ne peut rien contre ce Décret.
Longtems avant la cime de la colline, on
vit toûjours la pierre retomber; & cependant ce Maître inexorable, qui nous donne
à chacun notre tâche, plus févère que Rha-
damante, eft encore prêt à nous contraindre,
l'un après l'autre, de la lever à force de tous
nos millions.

F 2

II

*la Bataille faigne. Au fommet de la col-
line (ici l'Action eft défignée par la levée
d'une groffe pierre) quand le courage infpire
d'emporter la cime.*

n) *Je ne lis ni Journaux, ni Brochures: j'aime mieux employer mes heures de loifir à la
lecture d'Horace & de Virgile.*

Il eſt aſſez plaiſant que l'on parle pour & contre tout à la fois *x*). Peut-on s'imaginer que nous ſommes ſur le point de voir la fin d'une Guerre avec la France, & d'en avoir une autre à commencer? Si d'autres ſont diſpoſés à nous entreprendre, ne doivent-ils pas être fortement perſuadés que les Frtançois n'ont point envie de finir avec nous? Cependant

La Nation eſt menacée d'une Guerre d'une autre part. A Dieu ne plaiſe que nous la cherchions; mais ſi l'on nous permet de ſuivre les intérêts de la Grande Bretagne, nous n'aurons guères ſujet de la craindre. Si la Marine Françoiſe étoit ſur le même pied qu'au commencement de la derniere Guerre & de celle-ci, ou qu'elle fût telle aujourd'hui qu'elle ſera à la prochaine Guerre, au cas que nous négligions les moiens de pouvoir à notre ſûreté, alors il y auroit de juſtes raiſons d'appréhender l'Evénement. Mais peut-on s'allarmer d'une Guerre navale dans un tems où la Marine des nouveaux Ennemis, ne pouvant être ſecon-

_____

x) *Après avoir ſuppoſé que nous étions dans les derniers momens d'une fâcheuſe Guerre, ce qui ſuit ſuppoſoit que d'autres Ennemis étoient à la veille d'entrer en querelle avec nous.*

fecondée par celle de France, doit nous raffûrer & nous donner lieu de tout efperer?
Néanmoins la Nation fe met de gayeté de
cœur en dépenfe de dix millions pour un
Différend qui ne nous intéreffe nullement,
& dont il ne peut réfulter le moindre avantage pour la Grande Bretagne. Eft-il poffible que l'on craigne de rencontrer fur mer
des forces plus foibles que les nôtres, & que
l'on veuille continuer fur terre en Allemagne
une guerre ruineufe par elle même, & fou-
tenue par presque toutes les autres Puiffances
de l'Europe?

D'un autre côté tout homme, qui croit
inévitable une Guerre nouvelle, approu-
vera-t-il que l'on nous charge de nouvelles dépenfes pour ces parties de l'Allemagne, où l'on peut, je ne dis pas éviter la
Guerre, mais fans contredit la refufer de
bonne foi?

„ Mais, difent quelques autres, quoiqu'on
„ ait eu tort d'entrer dans de pareils Enga-
„ gemens, autre chofe eft de commencer,
„ & autre de pourfuivre ". Non: à moins
que la Nation ne fe foit obligée par Traité
de continuer dans ces fauffes mefures; autrement ce qui s'eft fait une fois par bevûe,
n'eft point une conféquence qu'il doive fe
faire dans la fuite. Auffi longtems que les
Public fera en Convention expreffe, il eft

F 3

tenu

tenu d'en accomplir les conditions, à moins
qu'elles ne tendent à sa ruine, ou qu'elles
soient au-dessus de son pouvoir; mais en
tout autre cas on a toûjours réputé pour mar-
que de sagesse de revenir d'un faux pas, plutôt que de la réiterer. Appliquons ceci à un
Exemple, qui, selon toute apparence, sera
produit cette année au Parlement. Confor-
mément à l'Article séparé du Traité avec le
Landgrave en date du 1er Avril 1760., témoin
le Compte liquidé au Prothocolle en 1761.,
nous avons payé à ce Prince 120000 livres
Sterl., indépendamment de 50000 livres de
plus que nous nous sommes engagés à lui
fournir pour les deux années suivantes. Or
si le Landgrave nous faisoit ensuite une seconde demande, & qu'il refusât de mettre ses
Troupes en marche qu'à condition d'une nouvelle somme de deux cens vingt mille livres,
aucun Traité nous forceroit-il une seconde
fois à une chose aussi injuste? Le premier
Traité peut avoir été conclu par inadvertance;
mais celui qui en connoît l'abus, & qui en
signe un second, se condamne lui-même. Si
l'on allegue pour raison: „ Un tel a ordonné
„ deux cens vingt mille livres, je dois en or-
„ donner autant "; c'est le malheur de la Nation. Mais que ces gens-là ne présument pas
de nous en imposer & de nous faire accroire
qu'une fausse démarche devient juste quand
elle

elle eſt réiterée. Ici deux négatives ne font
point une affirmative; mais *vehementius negant.*
Avoir tort une fois, c'eſt avoir manqué; l'a-
voir eu deux fois, c'eſt s'être trompé doublement. On peut ſe dire intérieurement à ſoi-
même: ,, Que je prenne de fauſſes meſures,
,, & que le blâme retombe ſur un autre, puis-
,, qu'il en a pris de ſemblables avant moi ";
mais perſonne ne conviendra que parce que
nous avons une fois donné à un Prince plus
qu'il ne méritoit, nous ſommes obligés de redoubler nos dons, & de puiſer dans le Thréfor public auſſi ſouvent qu'il aura beſoin d'argent, ſans ajouter qu'il eſt ridicule de parler
de la foi des Traités avec un Prince, dans les
Troupes duquel il ſe trouve un vuide de pluſieurs mille hommes.

A bon compte nous nous ſommes fourrés
dans la Guerre, comment en ſortir? Ceux,
qui font cette queſtion, voudroient que nous
cruſſions qu'ils regardent cette démarche comme une mauvaiſe affaire, & qu'ils ſouhaite-
roient de s'en tirer. Si cela eſt, la réponſe
eſt toute ſimple: il n'y a qu'à ne point s'y engager plus avant. Il n'eſt pas néceſſaire d'en-
fraindre aucun Traité. Obſervons religieuſe-
ment tous nos Engagemens; mais n'en con-
tractons pas de nouveaux, & cela ſeul finira
la Guerre. L'année dernière on diſoit que la
meilleure Clauſe du Traité avec le Roi de Pruſſe

F 4

étoit

étoit celle qui en limitoit la durée à douze mois. Pourquoi donc le renouvellerions-nous? Quoi que l'on puisse dire de nous touchant notre conclusion d'une Paix, la Nation ne peut-être dans l'obligation de donner au Roi de Prusse quatre millions d'Ecus aussi long-tems qu'il trouvera bon de continuer la Guerre.

Son Traité de 1758. expiré ne peut-être renouvellé sans le consentement du Parlement. Que chacun nous dise, après l'avoir lû, s'il convient à la dignité de la Grande Bretagne de le renouveller. J'en ai rapporté le contenu à la fin de mes *Considérations*. Le préambule ne dit rien de plus, sinon que nous avons besoin de lui donner de l'argent, & de traiter avec lui, uniquement pour l'obliger d'en accepter. Si le second Article ne nous autorise pas à demander, pour la défense de l'Electorat, des Troupes levées à nos propres fraix, c'est le Traité le plus humiliant qui se trouve dans les Annales de la Grande Bretagne. S'il falloit fournir de l'argent à ce Prince, ne pouvions-nous pas lui en donner sans un Traité, dont les termes même, dans lesquels il est conçu, sont plus mortifians que les payemens qu'on y a stipulés? Il ne l'oblige à rien, & loin d'être du style moderne, les conditions n'en sont pas
réci-

réciproques. Nous lui donnons pouvoir de nous tenir toûjours en armes, & nous nous ôtons la liberté de conclure, fans fon approbation, la Paix avec la France, contre laquelle il n'eft point en guerre, & avec qui par conféquent il peut-être en paix quand il lui plaira. La feule chofe qu'il promet, c'eft de pourfuivre fa propre Querelle, & de ne point fe réconcilier avec les Maifons de Mecklenbourg, de Saxe & d'Autriche, celles de toutes les autres avec qui il importe le plus à la Grande Bretagne qu'il ne fût point en guerre.

Les perfonnes, qui ont beaucoup à profiter dans celle d'Allemagne, peuvent alleguer des raifons en fa faveur.

N'y a-t-il donc rien qui vaille la peine d'être hazardé pour la Patrie? Devons-nous feulement déplorer le malheur de nos difputes de Parti, & être encore témoins que ces tems-ci, lorsque le Public penfe le plus à de grands hommes, font ceux où les grands hommes penfent la moins au Public? „ Cette „ raifon dans le tems préfent, dira-t-on, „ peut être venue originairement des fauffes „ idées de la Cour, & elle doit être forti„ fiée & confirmée par les mêmes moïens ". Vain détour, forgé exprès pour trouver des prétextes plaufibles de continuer la Guerre d'Allemagne, & de différer d'un an de plus

le

le malheur de ce jour; mais tous ces prétextes apparens se détruisent par les notions que la vérité dicte à tout Particulier. L'Autorité seule n'a point d'empire sur les pensées des hommes. Ils ne fermeront pas les yeux, parce qu'un seul voudra les guider.

Quelquefois on se rappelle l'accroissement du Commerce, & nous craignons de le perdre, si nos Ennemis deviennent trop puissans sur le Continent. Cela n'arrivera pas, du moins aussi longtems que nous défendrons nos possessions & conserverons nos Marchandises. Nos Ennemis les acheteront de nous, tant que nous pourrons les leur vendre à meilleur marché, & nos Amis n'en voudront point lorsqu'elles augmenteront de prix. Les François & les Hamands prennent de nous, une année portant l'autre, du Tabac pour la valeur d'environ 300000 livres. Dunckerque, le Havre & Cette sont les Ports qui nous rapportent le plus dans cette branche de Commerce. Croit-on de bonne foi que les Hambourgeois refuseront d'acheter de nous les denrées des Isles Françoises, parce que ces Isles n'appartiennent plus à la France?

Quelquefois on nous a dit que notre Religion étoit en danger, & cependant nous prenons à notre Solde des Troupes de Brandebourg

bourg pour maſſacrer & ruiner celles de Mecklenbourg, afin d'affermir le Proteſtantiſme !

D'autres fois on nous a repréſenté la Guerre d'Allemagne comme une Diverſion néceſſaire, & nous avons dépenſé en quatre ans vingt millions pour empêcher les François de ſecourir leurs Colonies ; au-lieu que la moitié moins de troupes & d'argent a donné à nos Flottes une ſi grande ſupériorité & un tel ſuccès-à nos Expéditions, qu'il ne leur eſt reſté preſqu'aucune Colonie à protéger.

Quelquefois on a révoqué en doute ſi nous pourrions rappeller nos Troupes d'Allemagne quand nous le voudrions. Il eſt donc clair que nous ne devons pas y en envoier ultérieurement. Si notre propre Général a pû pendant l'Eté & à la barbe d'un Ennemi victorieux ſe retirer en bon ordre à Stadt, il ſeroit bien fâcheux que notre Général étranger ne pût effectuer une pareille marche lorsque les François ſont entrés en Quartiers d'Hyver *y*).

D'autres

y) Un doute auſſi ſurprenant que celui-là pour le Public, nous induit naturellement à conſidérer le ſervice auquel eſt attaché le Général en Chef qui commande actuellement l'Armée en Allemagne. Il étoit aux gages du Roi de Pruſſe ; mais fut-on jamais certain
qu'il

D'autres fois on nous excitoit à la pitié:
„ Nous ne pouvons, difoit-on, abandonner
„ ces pauvres gens à la merci des François,
„ qui convertiroient leur Pays en Defert, ven-
„ droient jufqu'à leurs Effets à l'encan pour
„ l'acquittement des Contributions, pilleroient
„ leurs domiciles, en arracheroient la char-
„ pente pour fe chauffer, & réduiroient ces
„ Habitans, dénués de tout fecours, à mou-
„ rir de mifere, fans toit & fans retraite".
Pourquoi donc ne les protégeons-nous pas?
La

qu'il ait quitté ce fervice, & qu'il foit
entré dans le nôtre en prêtant ferment de
fidélité au Gouvernement? Or, fi fon Maître lui ordonnoit de marcher à Magdebourg,
au lieu de fe porter à Stade, quel feroit fon
devoir? Peut-être qu'un Jurisconfulte Allemand décideroit, autant par intérêt que par
inclination, qu'il doit obéir & livrer nos
Troupes au Roi de Pruffe. Suivant la
Gazette de Berlin †), il femble que ce
Prince ait réellement tenté la chofe en 1757,
& qu'il n'a pû l'effectuer par la raifon que
nous avions alors en Campagne un Général
qui étoit trop bon Anglois pour y confentir.
Voila des doutes, que l'Auteur ne voudroit
pas avoir été le premier à former; mais
de

†) Du dernier Novembre 1761.

La chose est impossible. Qu'on leur envoie toute notre Armée avec la Milice ; encore l'Ennemi seroit-il supérieur en nombre. L'Hyver les François retourneront chez eux, & nous laisseront dépenser notre argent dans le Pays, afin qu'à leur retour ils y trouvent encore de meilleurs butins à faire. Notre Gazette nous dira que le Prince Ferdinand les a chassés devant lui : fort bien ; mais ils se représenteront la Campagne prochaine, & tout ce que nous pouvons entreprendre ne sert qu'à provoquer la fureur des Ennemis de ces pauvres Habitans, & à leur fournir des prétextes pour justifier tous leurs excès. Aions pour ces malheureux Peuples des sentimens plus *équitables,* & dignes de la générosité du cœur Anglois. Que peut un pareil raisonnement nous inspirer

de les éclaircir, c'est l'affaire de ceux qui ont confié les vies de 24000 Sujets de la Grande Bretagne à la disposition d'un Général, qui est peut-être encore au service d'une Couronne étrangere, qui probablement ne prêta jamais serment au Gouvernement, qui certainement n'est ni comptable de ses actions au Parlement, ni ajournable pardevant le Tribunal de la Nation, soit en sa personne, ou en tout ce qui lui appartient, excepté la Pension qu'il tire de l'Irlande.

rer en leur faveur ? Loin de leur être fecourable, il n'eſt propre qu'à confommer leur ruine, en nous engageant à réſoudre le Landgrave de nous vendre encore une fois ſes Sujets pour une ſomme confidérable, & l'année ſuivante les François recommenceront à commettre les mêmes cruautés dans le Pays.

En rompant le Traité de Cloſter-Seven, la Grande Bretagne fit un faux pas, à jamais irréparable. Aucun de nos Alliés n'étoit en diſpute avec la France ; ils pouvoient tous s'arranger avec elle, comme ils ont fait ci-devant. Brunswick, la Heſſe & la Chancellerie même de Hanover traitoient alors à Verſailles ſous la Médiation de la Cour de Vienne. Les uns & les autres n'ont rien à démêler avec la France, qui ne peut les regarder comme Ennemis qu'auſſi longtems qu'elle eſpere de nous voir ruiner nous-mêmes, en les confidérant comme nos Amis.

D'autres fois on nous inſinuoit qu'il y avoit à craindre pour la Hollande & les Pays-Bas. Ce fut le prétexte que l'on ſaiſit dans la dernière Guerre. Pour cauſe d'une funeſte Diverſion, nous envoiâmes en Flandres nos troupes nationales contre le gré des Hollandois, afin d'éloigner de l'Electorat le théâtre de la Guerre, de ruiner les Barrieres, & de livrer nos Alliés naturels au pouvoir de la France.

Main-

Maintenant on peut nous dire que l'Allemagne court grand risque; que le Roi de France veut y devenir puissant. N'est-ce pas nous reprocher la dépense de 672.000 livres pour tenir en guerre les Maisons d'Autriche & de Brandebourg, qui seroient les premieres à prendre ombrage d'un pareil dessein, celles qui avec la Suéde & le Danemarc seroient le plus intéressées à le prévenir, & les seules en état de le faire échouer.

En un mot il est impossible de développer quelles peuvent être les raisons ostensibles que la prévention & l'indolence ont suggérées pour en pallier la véritable. Mais tout cela n'est que donner aux personnes d'un sens commun un avantage que nulle supériorité de rang ou de mérite peut compenser. J'ai fait voir que dans son principe la Guerre est une fausse démarche, contraire au vrai intérêt de l'Europe en général, de l'Allemagne & de la Grande Bretagne en particulier. Par conséquent on ne sauroit former dans la nature des choses aucun raisonnement en sa faveur, que l'on ne puisse tourner en un autre plus concluant à son desavantage.

F I N.

POST-

POSTSCRIPTUM.

Le Lecteur ne doit pas s'imaginer que la Lifte, inferée dans cet Ouvrage, contienne toute la dépenfe du fervice en Allemagne. L'Article des Fourages & des Extraordinaires y eft porté à deux millions 167903 livres, douze Schelings & fix Sols, parce que c'étoit la fomme, du montant de laquelle convenoient nos Alliés. Mais les diverfes gratifications pour l'an 1760., applicables au fervice, vont à trois millions 747000 livres, feize Schelings & dix Sols. Quant aux déductions à faire, il n'en confte point par les fuffrages des deux Chambres, & peut être feroit-il difficile de le favoir par les Comptes qui ont été remis jufqu'ici au Parlement.

MANLOVERIANA,

Pour servir de

SUPPLEMENT

à

L'EUROPE RIDICULE,

Par rapport à

LA GUERRE PRESENTE.

MANLOVERIANA,

Pour servir de

SUPPLEMENT

à

L'EUROPE RIDICULE,

Par rapport à

LA GUERRE PRESENTE.

De l'Imprimerie du futur Congrés.

M. DCC. LXII.

MANLOVERIANA,

POUR SERVIR DE SUPPLEMENT À

L'EUROPE RIDICULE,

PAR RAPPORT À

LA GUERRE PRESENTE.

MON *Fils, ta force te perdra,* difoit jadis certaine Prêtreffe à certain téméraire, dans l'antiquité. Tous les bons Anglois, échappés à l'efprit de vertige qui femble depuis cinq ans avoir tourné la tête à la plus nombreufe partie de la Nation, en ont dit autant à notre précédent Miniftère. Nous nous fommes battus comme des Lions, nous avons mis en piéces tout ce qui s'eft préfenté devant nous, fans penfer à faire une réferve pour les autres ennemis qui pourroient nous tomber fur les bras. Nous avons jugé de nos forces par notre courage. * *Paroiffez Navarrois, Maures, & Caftillans.* Nous

* Je cite un vers de Corneille, pour un de Shäkefpear, qui dit à peu près la même chofe.

A

avons défié toutes les Puiſſances Maritimes avec bravade ; & voilà qu'à la dé-
claration d'une feule, que nous n'eſti-
mions pas la plus redoutable, nous ſommes dans la plus terrible agitation ! L'Eſpagne s'eſt enfin déterminée à pourvoir à
ſa ſûreté ; & comme ſi les trois Royaumes n'avoient rien à lui oppoſer, nous
parlons de ſuſciter contre elle l'Empereur
de Fez & de Maroc ; & d'amener à Cadix,
pour notre compte, cent mille enfans de
Mahomet. Il y a trois ans qu'un * certain
Diſciple & Subſtitut du Diable nous crioit
de Bruxelles, que ſi nous faiſions mine
d'en vouloir à la Martinique, l'Eſpagne
feroit obligée de prendre parti contre
nous ; il ajoutoit que nous ne ferions pas
cette conquête, ſans ſoulever contre notre
ambition toutes les Puiſſances commer-
çantes. Nous avons attaqué la Martinique ; nous l'avons priſe, quoique nous
fuſſions inſtruits des conféquences néceſ-
faires de l'une & de l'autre opération.
Oui, le bouillant Miniſtre, qui a voulu
l'expédition, s'étoit familiariſé avec les
périls attachés au ſuccès. Mais ce grand

---

* Les Papiers Anglois appelloient ainſi le Sr.
Maubert, qui faiſoit alors la Gazette avec le Mer-
cure des Pays-Bas & autres petits Ecrits, par ordre du Gouvernement.

hômme nous en donnoit le mépris pour
l'unique remède ; & jamais il ne fuffit de
méprifer les coups , pour s'en mettre à
l'abri. Je me fouviens qu'en Janvier 1759,
fa vigoureufe imagination fe repréfentoit
déjà l'Europe entière liguée contre la
Grande-Bretagne ; & qu'il nous faifoit
raffûrer fur la conféderation par cette ti-
rade. * ,, Les Hollandois, *faifoit-il dire à*
,, *un de fes Penfionaires*, s'efforcent de met-
,, tre de moitié dans leur reffentiment les
,, Puiffances neutres de l'Europe : ils les
,, invitent à une efpèce de croifade politi-
,, que contre l'Angleterre. Fortbien. Sup-
,, pofons qu'ils réuffiffent à faire de leur
,, querelle la caufe de tous les Etats com-
,, merçans , & voyons ce que nous devons
,, appréhender de cette conféderation.

,, Nous avons connu , dans † la der-
,, nière campagne qu'elle figure peuvent
,, faire fur mer les Puiffances du Nord.
,, La flotte Ruffe étoit forte , dit-on , de
,, trente vaiffeaux de guerre , & elle avoit
,, fept mille hommes à bord , au partir de
,, fes Ports. Dans le vrai , elle n'avoit pas

* *The Weftminfter Journal*, Saturday 27 *Januari*
1759. *Numb.* 888.

† Il s'agit des Efcadres Danoife , Suédoife &
Ruffe , pour le maintien de la neutralité dans la
Baltique , en 1758.

„ trois cens matelots, encore la plûpart
„ étoient - ils étrangers. Lorſque cette
„ nombreuſe Eſcadre a été rappellée dans
„ ſes Ports, elle n'avoit pas aſſez de bras
„ pour les manœuvres de route. Imagi-
„ nons un engagement entre cette flotte
„ Ruſſe de trente Navires de guerre, &
„ deux Vaiſſeaux Anglois de 74 canons,
„ avec un bon Equipage & un brave Ca-
„ pitaine. Pour qui mon lecteur parieroit-
„ il? Quant à moi, l'idée que j'ai de cette
„ bataille, eſt préciſément celle de deux
„ chats affamés, qui ſe trouvent au milieu
„ d'une troupe de rats & de ſouris... Si
„ les forces de la Ruſſie n'étoient mépri-
„ ſables au dernier point, je dirois que
„ celles de la Suéde ſont encore plus mé-
„ priſables qu'elles.

„ Le Roi de Danemarc eſt trop ſage,
„ pour prendre part à la querelle. Mais ſi
„ ſon inclination le portoit aux armes, il
„ eſt trop éclairé pour s'aller attirer l'An-
„ gleterre ſur les bras. A quelles autres
„ Puiſſances maritimes les Hollandois
„ auront-ils recours? De leur propre a-
„ veu, la marine des François, leurs bons
„ amis, eſt abſolument ruinée, & les *Meſ-*
„ *ſieurs* ont tellement abandonné leur
„ commerce à la direction des Anglois,
„ qu'ils renoncent même à faire ſor-

,, tir leurs Vaiſſeaux de leurs Ports.
,, Viendra-t-on nous effrayer des deſſeins
,, ſécrets de l'Eſpagne, dont la Marine eſt
,, ſur un bon pied ? Nous fera-t-on un é-
,, pouvantail du Prince actif & ambitieux,
,, qui paroît prêt à monter ſur le trône de
,, cette Monarchie ? Nous ſavons bien
,, que le reſſentiment d'une vieille inſulte
,, l'indiſpoſe contre l'Angleterre ; & qu'il
,, verroit avec joye la ſouveraineté des
,, Anglois ſur les mers recevoir quelque
,, échec. Mais quelles ſont les forces ma-
,, ritimes de l'Eſpagne ? Suppoſons qu'elle
,, puiſſe maintenant tenir vingt - quatre
,, vaiſſeaux en mer : c'eſt tout ce que lui
,, donnent ceux qui portent le plus haut
,, ſa puiſſance. Mais la poſition actuelle
,, de Don Carlos lui permet-elle de rom-
,, pre avec l'Angleterre ? Pour peu que
,, le Miniſtère Eſpagnol ſe ſouvienne de
,, ce que l'Eſpagne a ſi long-tems ſouffert
,, de la Marine Britannique, lorſque celle-
,, ci étoit bien éloignée de l'état formida-
,, ble où elle eſt à préſent, ſera-t-il aſſez
,, fou pour ſe mettre à dos la Grande-
,, Bretagne, dont les forces de Mer ſont
,, plus grandes qu'elles ne furent ja-
,, mais ?

,, En un mot, tel eſt l'état de l'Angle-
,, terre, par les ſoins du Gouvernement

6

,, actuel, que toutes les forces de l'Uni-
,, vers, réunies contre elle, ne font pas ca-
,, pables d'entamer fa puiſſance & de la
,, gêner dans l'Empire de la mer. *Elle n'a*
,, *à craindre que fa propre modération &*
,, *la magnanimité de fon Roi.*

Mon Fils, ta force te perdra! Ce fut la
réponfe de l'Europe judicieufe à cette im-
prudente fanfaronade. Je gagerois volontiers que cette incartade Angloife a été
montrée au Miniſtère Eſpagnol ; & qu'elle
eſt entrée pour quelque chofe dans les
reproches que Don Riccardo Wahl a
faits au Comte de Briſtol. Le Portugal
nous a daigné croire : tant pis, tant mieux.
Mais les Hollandois, qui favent qu'en
penfer, feront-ils fermes dans une vieille
alliance, qu'ils favent que nous mépri-
fons? Le Roi de Danemarc..... Halte : les
affaires du continent ne laiſſeront pas ce
Monarque à fon incination : peut-être
même le tireront-elles de fon véritable
intérêt.... Or on ne peut raifonner avec
folidité fur le principal de notre caufe, fi
l'on n'en vuide auparavant les incidens.

Quoi qu'en difent les vieux Anglois,
nous avons guerre directe dans le continent de l'Europe. C'eſt une fottife, j'en
conviens ; mais elle eſt faite cette fottife,
& il faut la mettre en ligne, jufqu'à ce

que nous l'ayons bûe. Feu le Maréchal de Belle-Isle ne pouvant pardonner sa prise de 1744, ne vit pas plûtôt la guerre déclarée entre l'Angleterre & la France en 1756, qu'il projetta, dit-on, la conquête de l'Electorat, afin de mettre à contribution le Directeur de poste qui l'avoit fait prendre. Le Conseil de France n'avoit pas encore délibéré sur le projet, quand nos émissaires nous en donnerent communication. L'allarme fut chaude à St. James. Le Duc de Neucastle & M. Henri Fox; jusqu'au Comte d'Holderness, tous les Ministres courtisans firent leurs diligences. L'infatigable Chevalier Luc Shaube trotta de château en château, de maison en maison; il sollicita, il acheta, il paya, nombre des représentans de la majesté du peuple Anglois.

Tout fut arrangé pour le jour assigné. L'Electorat de Hanovre fut donné au Parlement pour un orphelin qui réclamoit sa protection. L'Avocat de ce maudit pays mit en œuvre le pathétique, qui fut droit aux cœurs, dont le Chevalier Luc Shaube avoit ouvert l'entrée. Milords & Messieurs se jetterent dans le bon plaisir de la Cour: ils adopterent l'Electorat, & promirent en notre nom corps & biens pour sa défense. Un aigle

8

n'eût pas porté plus vîte, que l'Emissaire François, la nouvelle de cette vivaci- té Britannique. Le Roi des * François décreta aussitôt la guerre contre Hano- vre à titre de Province Angloise. Nous n'avions pas le mot à dire: aussi gardâ- mes - nous le silence. Notre Duc & ses braves passerent la Mer. - - On sait le reste. Le Maréchal de Richelieu nous les renvoia, avec cent soixante caisses, qui recéloient le trésor Electoral. Pour la premiére fois, depuis l'existence de la Mo- narchie, S. M. Britannique fut plus riche en Angleterre que tous ses sujets ensem- ble. Il est vrai que c'étoit une espèce de nécessité qu'Elle devint, en ce moment là même, plus puissante qu'eux. Les François étoient maîtres de Hanovre; & la perte de Minorque avoit culbuté le Ministère, auquel les bons Anglois re- prochoient avec raison d'avoir sacrifié l'interêt maritime à celui du Continent. Mais les caisses étoient à la Tour : le peu- ple attendoit merveilles des nouveaux Ministres. Le fameux Pitt, qui étoit à leur tête, s'étoit signalé plus d'une fois

* Pendant la guerre, le Roi de France n'est ti- tré en Angleterre que le *Roi des François*, à cause de la ridicule prétention qui fait prendre au Roi d'Anglettre le titre de Roi de France.

contre les liaifons avec l'Allemagne ; c'eft ce qui l'avoit mis en crédit. Hawke, & Bofcawen n'avoient pas plus que lui l'oreille de nos Négocians, fur la marine & le commerce. Cependant un beau jour il fe préfenta, avec tout l'appareil de fa Rhétorique à la Chambre des Communes, & d'un ton, dont on demande l'aumône pour un malheureux, il demanda un fubfide de 200 mille Livres pour l'Electorat, en jurant fes grands Dieux, que de fa vie il ne reviendroit à la charge. Après des débats bien concertés, la requête paffa à la pluralité; & les 200. mille Livres furent jettées à fond perdu.

Il s'étoit fait une révolution dans les affaires de Weftphalie. Le Roi de Pruffe qui eft auffi bien Pape dans fes Etats, que S. M. Britannique dans les trois Royaumes, étend beaucoup plus loin fa jurisdiction : le Monarque prétend qu'il eft, dans le Militaire, comme dans le civil, le fuprême difpenfateur des indulgences. En conféquence, il avoit trouvé bon de dégager de leur parole d'honneur les Généraux & Officiers, tant Hanovriens que Heffois, & Brunswickois, à qui la convention de Cloofter-Seven avoit fait pofer les armes. Ces Officiers, munis de

la difpenfe, avoient raffemblé leurs troupes; & dans le tems que *Meffieurs*, maîtres de l'Allemagne, ne penfoient qu'à
jouir de leur conquête, un Général, envoyé par S. M. Pruffienne, leur fignifia
l'ordre de fe retirer, fous peine d'être
battus. Ce Général étoit le Duc Ferdinand de Brunswick, Prince qui n'entend
pas raillerie. Le Duc de Richelieu, Seig-
neur de beaucoup d'efprit, qui entend
à demi mot, ne fe le fit pas dire deux
fois: indigné de la furprife, il fut en rendre compte à fa Cour. Voilà auffitôt
Hanovriens, Heffois, & Brunswickois
après fon armée: ils la reconduifirent
jufqu'à vûe du Rhin. Nos pétulans Anglois ne manquerent pas de prendre les
bords du Rhin pour les rives de la Seine.
N'étoit pas fils d'une bonne mere celui
qui ne croioit pas qu'on alloit pouffer
Meffieurs jufqu'à Paris. L'efprit de con-
quéte fe fit voïe jufque dans les falles
de Weftminfter, & la guerre de terre
parut au grand Pitt lui-même l'affaire
principale de la Nation. Le Général
Yorck, en dépit de fes lumières, fut o-
bligé d'aller à Breslaw offrir au Roi de
Pruffe de faire caufe commune avec lui,
& de payer à S. M. Pruffienne, par un fubfide annuel de 800. mille Livres Sterling,

deux Régimens que Sa dite Majesté tenoit dans l'armée de Hanovre. Milords
& Messieurs avoüerent le feu Roi de tout
le sang qu'il nous demanderoit pour la
défense de son Electorat. Deux Régimens Anglois passerent la mer, & furent
tôt après suivis de deux autres, que quatre autres allerent joindre, en attendant
les douze autres qui devoient avec eux
former un corps que la nation pût récla-
mer. Somme toute, on veut bien que
nous sachions que 20. mille Soldats, &
cinq à six mille autres hommes, nés en
Angleterre, font cette année parade dans
l'Armée Hanovrienne: c'est le restant
de plus de cinquante mille, qui depuis
quatre ans ont passé la mer pour cette
destination. On veut bien encore que
nous sachions que trente - cinq mille
Hanovriens, & vingt mille Hessois avec
huit mille hommes de Brunswick, & deux
de la Lippe-Buckebourg, font à la solde
Britannique: ce qui fait à peu près sep-
tante mille Soldats étrangers, qui vi-
vent en Allemagne à nos depens. Ce font
assûrément-là de bons titres, pour nous
faire appeller cette guerre *notre guerre* &
cette armée *notre armée* ; & les François
auroient pû s'epargner les nombreux ar-
gumens qu'ils ont emploïés pour prouver

que la guerre de Hanovre étoit une guerre Britannique.

Demandons à ceux, qui nous ont jettés dans ces énormes dépenses, quel fruit nous en avons tiré, quel avantage il nous en peut revenir. L'Electorat a été recouvré, & ensuite préservé glorieusement d'une seconde invasion. Le Duc Ferdinand a poussé jusqu'à la Meuse; & il tient encore sous contribution la meilleure partie des pays situés entre le Weser & le Rhin. Les François sont coignés dans la Hesse; & Dieu aidant, ils vont être bientôt poussés jusqu'à Francfort. Voilà répondu, ce me semble, comme feroit l'Anglois le plus satisfait de nos opérations de ce coté. Mais si nous insistons pour savoir dequoi nous ont servi le recouvrement de l'Electorat, les victoires, les contributions & les autres exploits, que nous dira-t-on? Lorsque les François ont été maîtres d'Hanovre, ils mettoient dans leur caisse militaire quelque portion des deniers qu'ils tiroient de leur conquête. Le Roi de Prusse a fait porter à la sienne ce qu'il tire de la Saxe. Pour nous, les succès du Duc Ferdinand nous ont couté les présens faits à ses Couriers; & bien loin de rabattre un scheling de nos subsides, ils n'ont produit que les plus preſſantes inſtances pour des renforts de troupes, des munitions, des vivres, des fourages, & de l'argent. Qui ne riroit d'entendre nos fanatiques s'applaudir ſur l'eſperance de pouſſer bientôt les François juſqu'à Francfort? N'eſt-il pas démontré * que ce qui peut nous arriver de pire, c'eſt de les forcer à ſe tenir de l'autre côté du Rhin? Plus nous aurons de chemin à faire pour aller à eux, plus il nous en coutera. Nul d'entre nous n'eſt aſſez fou pour imaginer qu'avec nos 90 mille Soldats ramaſſés, nous irons forcer notre ennemi ſur ſa frontière. Ainſi, quelque parti que la fortune des armes nous ait fait en cette guerre, elle nous a mis toujours en perte. Que ſeroit-ce, ſi nous avions eu du deſſous en Campagne?

La mort de l'Impératrice des Ruſſies a, *dit-on*, changé la face des affaires. Le nouveau Miniſtère eſt ami & Allié du Roi de Pruſſe; cinquante mille Ruſſes joindront nôtre armée. Bientôt Sa Majeſté Pruſſienne, victorieuſe des forces Autrichiennes, qui ſont maintenant ſeules à lui faire tête, viendra Elle-même prendre la conduite des opérations ſur le

* Dans l'Ecrit Anglois, intitulé *Conſidérations ſur la guerre d'Allemagne*.

Rhin; & ce n'eſt pas pour un tel Guer-
rier que la frontière de la France eſt im-
pénétrable - - -

Attention à cette incroiable révolution, qui fixe maintenant ſur elle les Cabinets de toutes les Puiſſances.   Rien
n'eſt plus naturel que de voir deux
grands Princes s'eſtimer réciproquement.
Je ſuis perſuadé qu'à cet égard le Roi de
Pruſſe en eſt aux mêmes termes avec les
Souverains ſes ennemis, qu'avec la Ruſſie ſon Alliée.   Pour de l'amitié : c'eſt
autre choſe.   Bien différente de l'eſtime
qui ſubſiſte entre les Puiſſances, malgré
leur propre rivalité & l'animoſité de
leurs peuples, l'amitié n'eſt plus qu'un
ſentiment dénué d'activité, lorſque l'intérêt d'Etat vient la traverſer.   On ne
ſauroit douter que maintenant elle ne
ſoit très forte entre les deux Monarques.
Mais avons-nous bien examiné cet intérêt d'Etat qui doit être, & qui tôt ou
tard fera la règle de leur conduite dans
les affaires publiques?

La Ruſſie a certainement ſes raiſons
pour paſſer du blanc & noir.   Mais ces
raiſons ſont-elles permanentes? Toutes
les inclinations, tous les préjugés, les
vertus mêmes des Souverains cédent
enfin au bien de leurs peuples, à la ſû-

reté, à la profpérité de leur Empire, & fe plient à ce qu'ils exigent.

La Ruffie, dans l'état où elle eft, n'a point de voifins plus dangereux que le Pruffien. Les Rois de Pruffe font la feule Puiffance capable de balancer l'influence des Czars fur la Pologne & la Suéde, & de les gêner avec fuccès dans leurs vûes d'aggrandiffement, foit en Pologne, foit en Allemagne, foit fur les côtes de la Baltique. Le Miniftère Ruffien nous veut prendre à des apparences, en nous préfentant, pour motif de la réconciliation entre les deux Empires, l'exemple de Pierre le Grand, qui voulut toujours être en paix avec les prédéceffeurs de S. M. Pruffienne. Les Etats des Rois de Pruffe n'étoient pas, dans ce tems-là, ce qu'ils font aujourd'hui; & la pofition de la Ruffie étoit bien différente alors de celle d'à préfent. Pierre I. faifoit fortir fon Empire d'une obfcurité de plufieurs fiécles: il craignoit de donner de l'inquiétude. Le fecond Roi de Pruffe, tout occupé de l'intérieur de fes Etats, ne demandoit rien de mieux que d'être abandonné à fes difpofitions œconomiques. Content d'avoir été admis à partager avec la Ruffie les dépouilles de la Suéde, il fembloit indifférent fur tous

ſes voiſins, & ſouhaitoit d'être lui même indifférent à toute l'Europe. Pierre
le Grand, maître en Pologne & en
Suéde, preſque autant que dans ſes
propres Etats, devoit être l'ami de tous
les Princes qui ne ſe déclareroient pas
ſes ennemis. Tout eſt bien changé.
L'Empire des Ruſſies entre maintenant
dans la balance de l'Europe; & s'il ne
conſulte que ſon bien-être & ſa gloire
ſolide, il a reçu tout l'aggrandiſſement
qui peut lui être profitable. Pour le
porter à ſon plus haut point de proſpé-
rité, le Miniſtère Ruſſe n'a rien autre
choſe à déſirer, que de pouvoir exécuter
dans l'intérieur tout ce qu'une ſage &
ſavante adminiſtration peut entreprendre. La Puiſſance de Pruſſe au contraire eſt dans ſon aſcendance. Le
Roi, glorieuſement regnant, eſt à pluſieurs égards dans les mêmes circonſtances où ſe trouvoit le Czar Pierre I. Il
veut s'accroître, & il ſera volontiers l'a-
mi de tous les Princes & Etats qui
ne le troubleront point dans ſes entre-
priſes ſur ſes voiſins. Mais ſi le Monarque & ſes Succeſſeurs ſont une fois
parvenus à ſe mettre en égalité avec les
vieilles & grandes Puiſſances, la Ruſſie
ſera la première avec laquelle ils diſpu-
teront

teront de rang, de forces, & de pouvoir. Ils s'offriront pour protecteurs à la Suéde, qui a tant de Provinces à repeter sur les Czars: ils se donneront en la même qualité aux Polonois, à qui la Russie ne laisse, au-lieu de la liberté politique & nationale, qu'une licence & une impunité individuelles. Sous ces personnages respectables, les Rois de Prusse iront joindre la Livonie à la Prusse, exiger la restitution de la Finlande & de la Carélie, & rechasser les Czars dans leur ancienne Capitale. C'étoit peut-être le Plan de 1756, si la Conspiration de Stockolm, pour le rétablissement de l'autorité Royale, avoit réussi; si l'Impératrice-Reine avoit juré trêve de quelques années; si l'Alliance de Versailles du 1. de May n'eût rompu toutes ces combinaisons.

De qui la Russie aura-t-elle du secours? La voilà en rupture presque ouverte avec ses Alliés naturels, en alliance publique & solemnelle avec les Puissances qui sont ses ennemies au même titre. Sa vaste étendue n'est pas la mesure de sa force; & la Puissance Prussienne n'a point de jaloux, ni d'ennemis qui voulussent lui causer une diversion capable de la détourner d'une pareille expédition.

Le Roi de France Louis XI, qui ne faifoit point de prière à Dieu & à fes Saints, dans laquelle il ne demandât l'humiliation du Duc de Bourgogne Charles le Téméraire, fe donna toutes fortes de foins pour diffiper les défiances, que ce Prince pouvoit prendre, de fa fidélité à lui garder la paix : il n'avoit garde, *dit le malicieux Commines*, de l'empêcher d'aller heurter contre cette foule d'Etats d'Allemagne, peuplés de Soldats, & tout coupés de Fleuves & de Montagnes.

La Ruffie a des hommes, il eft vrai : mais elle manque de ce qui conftitue la véritable puiffance. Elle n'a ni la richesse, ni l'induftrie qui la produit. Nous avons lû dans tous les Papiers - publics de l'Europe le compliment que le Sénat de Ruffie fit en 1756. au Comte de Schwalow, Sur-Intendant des Finances, pour le remercier de ce que par fon habileté il avoit porté, cette année, jufqu'à douze millions de Roubles (c'eft moins que trois millions de livres Sterling) les revenus de l'Empire. De quoi eft capable à la longue, & par elle-même, une Puiffance, qui a de fi petits coffres & de fi vaftes Etats?

Sur cette fubite réconciliation des

deux Puiſſances, il y a bien des Com-
mentaires. Le Miniſtère Ruſſe ayant ſou-
mis au jugement du Public celui qu'il en
donne, il eſt réputé inviter à donner le
leur, ceux qui n'ont pas été ſatisfaits de
ſon Imprimé. Quoi qu'il en ſoit, en cette affaire, comme en toute autre, j'uſe
du privilége qu'ont tous les Anglois de
dire ce qu'ils penſent, pourvû qu'il ne
ſoit injurieux à perſonne.

Nous ſavons par nos Miniſtres &
par nos Négocians à Petersbourg que
ſous le Regne précédent, l'Héritier dé-
ſigné de cet Empire a été peu ménagé : que l'aſſociation au Gouvernement,
laquelle lui avoit été promiſe, n'eut
point lieu ; & qu'on négligea même de
lui en adoucir le refus. Traités de toute
eſpèce ſe ſont faits ſans ſon aveu ; le
Traité même avec le Dannemarc, rélativement au Pays de Holſtein ſon patrimoine, a été conclu & ratifié ſans ſa
participation, & même au mépris de
ſes proteſtations. - - -

Un juſte reſſentiment a pû porter ce
Prince à témoigner, à ſon avènement
au Trône, le dégoût qu'il avoit de tous
les arrangemens pris, ſans le conſulter.
L'intérêt de ſa propre gloire a pû lui faire abandonner un Plan formé ſous d'au-

tres aufpices que les fiens; & l'habile Roi de Pruffe, à qui la réconciliation importoit le plus, aura achevé de le décider, en lui préfentant le rôle glorieux de Pacificateur de l'Europe.

J'avoûerai cependant que l'alliance fi prompte, & en apparence fi gratuite, jette de grandes difficultés fur ce commentaire; & que tous ces motifs ne paroiffent guères capables d'avoir déterminé la Ruffie à joindre fes troupes à celles de fon nouvel Allié, contre les armées Autrichiennes & Germaniques. On eft tenté de foupçonner quelque autre vûe plus profonde de la part du Miniftère Ruffe, & des manœuvres plus compliquées de la part de fa Majefté Pruffienne. Le Roi de France Louis XII. refufa d'adopter les reffentimens du Duc d'Orléans: pourquoi le Miniftère Ruffe n'en auroit-il pas fait autant des reffentimens du Grand Duc de ce vafte Empire?

Les fpéculations imprimées de nos Politiques fur les affaires du Holftein ne font nullement fatisfaifantes. La Ruffie peut bien avoir fouhaité d'annuller tous les Traitês, faits à ce fujet depuis quarante à cinquante ans. Mais fes Miniftres nignorent point que S. M. Britanni-

que est garant de la plûpart de ces Traités, & notamment du dernier. Le Roi
de Prusse, qui en est également instruit,
& dont l'Alliance avec l'Angleterre sub-
siste encore, n'auroit pas voulu, en ani-
mant la Russie à poursuivre ses prétentions par les armes, nous jetter dans la
terrible alternative de manquer à nos
engagemens, ou de nous unir à l'ennemi
de son Auguste Allié.

La Puissance du Danemarc, qu'il faudroit aller attaquer chéz lui, n'est pas
si hors de proportion avec la Puissance
Russe, que cette dernière puisse se faire
un jeu d'entrer en guerre avec elle.
Quarante ans de la paix la plus profonde, & la mieux employée, de l'admini-
stration la plus sage & la plus attentive,
ont donné à ce Royaume une consisten-
ce bien supérieure à celle de l'Empire des
Russies. Les épargnes du Roi de Danemarc & de son prédécesseur ont fait
beaucoup moins de bruit que celles du
feu Roi de Prusse. Mais elles ont été bien
plus heureusement dirigées pour une
opulence solide. La richesse des peuples,
que l'œconomie Danoise fait naître de la
richesse du Souverain, & qu'elle fait
allier avec elle, est bien d'une autre res-
source que des coffres dont le vuide est

en même temps inévitable, & irréparable. Le Roi de Danemarc est absolu dans ses Etats, plus absolu même que l'Empereur des Russies dans les siens: parce que son autorité lui vient des loix que les peuples eux-mêmes se font imposées. Cent traits, dont le Pere de famille le plus tendre & le plus judicieux, se feroit honneur, ont signalé un Regne de seize ans: ils ont rendu la personne du Roi si chere à ses sujets, qu'aucun d'eux ne voudroit changer sa patrie pour un meilleur sol, parce qu'il lui faudroit changer de maître. Livré à ses propres forces, le Danemarc est en état de faire tête à la Russie, s'il n'a que contre elle à se défendre. Où en seroit la Russie, si les Alliés, entre lesquels cette Couronne peut choisir, prenoient parti pour elle contre lui? Le Roi de Prusse n'ignore aucune de ces combinaisons; & c'est juger bien de son puissant génie, que d'attribuer à cette connoissance la facilité qu'il a eue de s'engager dans une Alliance, dont il aura recueilli tous les fruits, avant que d'avoir à la payer du retour que peut-être il en a promis.

La Russie est dans la balance de l'Europe: mais ce n'est point par elle-même, qu'elle y est entrée. La France, l'Espagne

& l'Italie, à qui elle ne peut oppofer que des hommes, lui peuvent fufciter des ennemis qu'elles foudoyeront : elles peuvent braver l'influence de la Ruffie dans la balance, & font en état de la lui ôter toute entiére, en la faifant repouffer dans fes anciennes frontières par ceux de fes voifins, aux dépens defquels elle s'eft établie fur la Baltique, & le Borifthêne. Qui auroit dit au Roi de Suéde Charles-Guftave que de tant de beaux Pays, qu'il avoit hors des anciennes limites du Royaume poffédé par Charles de Sundermanie fon Ayeul, il refteroit à peine à fa Petite * fille une langue de terre en Allemagne ? Toute Puiffance, qui n'eft pas clouée néceffairement dans la balance de l'Europe, doit tout craindre des fecouffes. Les prétenfions de la Ruffie fur le rang & fur la titulature indifpofent les grandes & vieilles Puiffances. Parmi les Puiffances du fecond ordre, elle n'a aucun Allié, obligé de faire caufe commune avec elle, pour fa propre confervation, tandis qu'elle peut en compter plufieurs des unes & des autres, qui ont le plus conftant intérêt à fouhaiter fon affoibliffe-

* La Reine Ulrique Eléonor, Sœur de Charles XII. & fon Héritière.

24

ment & son humiliation, à saisir l'occasion de la faire rentrer dans son ancienne obscurité, avec la certitude d'avoir part à sa dépouille.

Le Danemarc au contraire est dans la balance de l'Europe depuis sa création; & toutes les Puissances, tant du Nord, que de l'Ouest & du Midi, ont un interêt constant à son existence, & même à sa manière actuelle d'exister. La liberté du Commerce de la Baltique est attachée à la conservation de cette Monarchie, & depuis la révolution dont l'héroisme malheureux de Charles XII. a été suivi, la liberté politique de chaque Etat du Nord exige que le Danemarc soit ce qu'il est. Les Hollandois, si indifférens en apparence sur l'incendie qui désole l'Europe, se jetteroient au milieu de la flamme pour empêcher les Rois de Danemarc de retomber dans une espece de dépendance des Princes du Nord, plus puissans qu'eux pour l'offensive. Nous-mêmes, si nous sommes bien conseillés, nous sommes dans l'obligation de tout risquer pour délivrer sa Majesté Danoise du terrible voisin, qu'on veut lui donner sur ses derriéres. C'est ici que j'attends ceux de nos Politiques qui font mine d'assûrance sur le parti que le Roi de Danemarc peut prendre en cette préfente guerre.

Je pofe en fait que l'intérêt permanent de ce Monarque eft de tout rifquer, de tout facrifier, plutôt que de confentir à remettre le Holftein dans l'état ou il étoit lors de Guftave-Adolphe. Le Duc, qui feroit en même tems Empereur des Ruffies, fe feroit bientôt donné le Port de Mer convenable pour une commnnication indépendante entre fon Empire & fon Duché. Que devient alors le Danemarc qui n'auroit ni Commerce ni Doüanes, ni Péages ? On n'aura pas oublié qu'en 1616. un Duc de Holftein, qui n'avoit que ce patrimoine, forma le projet de joindre la Baltique à l'Elbe, & conféquemment à la Mer Baltique, au moyen d'un Canal tiré à travers fes Etats. Certain que le Canal étoit de facile exécution, il étendit fes vûes; & comme alors le Commerce du Nord étoit bien moins confidérable, à caufe de l'enfance où étoient la Marine de France & la nôtre, il ne jugea pas qu'il fût fuffifant pour le récompenfer richement de la dépenfe de fon Canal. Il imagina donc d'envoïer, à travers la Ruffie, qui étoit prefque entiérement ignorée, des Caravannes de fes fujets du Holftein pour négocier avec les Chinois, & apporter par terré, juſqu'à Archangel, les Marchandiſes de la Chine. Au moyen du Canal, le Holſtein les auroit diſtribuées par l'Elbe dans l'Europe. Ce petit Etat auroit été l'Entrepôt & le Magaſin du Nord de l'Europe, ainſi que de la Chine; & les Navigateurs auroient abandonné le chemin du Sund. Il eſt vrai que le projet ſurpaſſoit les forces du Prince qui l'avoit formé; & qu'on jetta même du ridicule ſur ſon audace. Mais il ſe préſente ſous tout un autre jour, quand il vient d'un Duc de Holſtein, maître de Lubec quand il voudra, & Empereur regnant des Ruſſies, dont les frontières confinent à la Chine.

Or donc, ſi la Ruſſie inſiſte ſur ſes prétentions & ſe décide à les faire valoir par les armes, nous n'avons point de milieu entre la défenſe, ou l'abandon du Danemarc. Indubitablement ce ſecond parti eſt honteux. Mais je ſais bien des gens à qui il paroîtra le plus ſûr. Si notre étoile nous le fait préférer, la France devient pour S. M. Danoiſe un Allié néceſſaire. Les deux Cours de Verſailles & de Coppenhague s'épargneront les avances, & iront de concert l'une au-devant de l'autre. C'eſt entre les Rois comme entre les Dieux de l'antiquité : *Premente Deo, fert Deus alter opem.*

En attendant les troupes Ruffes, dont la marche lente eft affez connue, vingt à trente mille Danois, déjà protecteurs de la Ville de Hambourg, iront donner la main à un pareil Corps de François, venus à Stade par le chemin que le Maréchal d'Etrées a frayé. Notre Armée de Hanovre, *& Compagnie,* eft jettée entre Bremen, Wefel & Göttingen, comme dans une tenaille. L'Elbe & le Wefer font fermés à nos Convois, le Jutland ne fournit plus ni grains, ni viandes. Les Ruffes n'auroient pas encore traverfé le Mecklenbourg, que déjà il ne feroit plus queftion, ni de l'Electorat de Hanovre, ni de fon Armée. Mais on dit que le Roi de Pruffe donnera paffage, & facilitera la marche de l'Armée de Ruffie. Je voudrois bien favoir comment ce Monarque aidera les Ruffes pour leurs fubfiftances dans un Pays où lui - même ne trouve plus rien à enlever. Nous avons vû ces Ruffes, obligés de ftipuler pour leurs vivres & leurs fourages, avec l'Armée Autrichienne, avant même que de la joindre ; & cela pendant qu'ils avoient derrière eux la Pologne, où ils font maîtres. Ce n'eft pas tout encore. Qui

28

payera ces foixante mille Ruffes en campagne, à deux cens lieues de leurs frontières? Nous avons retiré le fubfide de
S. M. Pruffienne ; & l'impuiffance la
mieux démontrée nous force à ce hocquet.
Eft-il un des Miniftres de S. M. Britannique affez hardi pour porter aux deux
Chambres un Meffage qui demanderoit
un fubfide plus confidérable pour un Allié bien moins utile & bien moins folide?

De nôtre propre aveu, la Marine de
Ruffie eft méprifable. De l'aveu de tout
le monde, le Danemarc peut mettre &
tenir en Mer quarante vaiffeaux de guerre. Les Ports & les Fortereffes du Danemarc font en ètat de défenfe. La Neva *
n'eft défendue que par deux mauvais Châ-
teaux de bois, qu'une fufée peut réduire
en cendre. On fait que les foldats Ruffes
font d'excellentes troupes. Mais d'une
extrèmité à l'autre de ce vafte Empire,
tout ce qui n'eft pas habillé en foldat
tremble, fuit, ou demande grace à la
vûe d'un Uniforme. Ou toutes les règles
de la Politique font fauffes, ou le Roi de
Danemarc, que nous aurions abandonné, auroit pour lui les François & les
Hollandois. Nous avons plus de Vaiffeaux
que ces deux Puiffances enfemble. Mais

* Rivière fur laquelle eft fitué Petersbourg.

où prendrons-nous des Equipages pour de nouvelles Efcadres? Je me fouviens d'avoir vû, dans mon voyage en Suiffe, un terre affez élevé, qu'on dit avoir été formé des os entaffés d'une troupe Angloife, exterminée en cet endroit par une petite Armée de Suiffes. Je veux bien, pour l'honneur de notre humeur conquerante & guerrière, admettre la tradition. Mais nos braves avoueront que c'eft le plus loin où notre Infanterie ait été fe faire affommer en Europe ; au-lieu qu'on a vû fous Louis XIV. un Corps de troupes Françoifes au fond de la Hongrie, montrer les Drapeaux de la France aux Turcs; & fous François I. il y en a eu un autre qui a combattu pour la Suéde contre le Danemarc fur les glaces de la Baltique. Dès que nos Miniftres, fous un Regne auffi chéri que celui-ci, n'ont plus de crédit, c'eft un figne certain que la Nation craint pour le fien ; & alors nous devenons des Ennemis bien peu dangereux, des Alliés bien peu utiles.

Je quitterai ici l'Hypothéfe, que je n'ai adoptée que pour avoir occafion de confondre nos Clabaudeurs. Je conviendrai même qu'elle eft un fantome, imaginé pour avoir le plaifir de le combattre, & que S. M. Britannique, mieux confeillée, prendroit le parti contraire, lequel eſt plus convenable à la gloire de la Nation. Oui, le Danemarc nous verra tenir no-tre garantie: nous opterons pour ſa dé-fenſe; & nous nous y porterons avec no-tre impétuoſité ordinaire. Mais ſi la Ruſſie a pris ſa réſolution, je ne vois réſulter de la conduite, que notre devoir nous dicte, qu'une troiſième guerre, qui divertit no-tre attention ainſi que nos forces, de des-ſus les deux autres guerres ou nous ſom-mes les parties principales. Un Empe-reur des Ruſſies, qui trouve ſes peuples ſous les armes à ſon avenement au Trône, & qui a un goût décidé pour la guerre, n'eſt pas Prince à ſe retirer, avant que d'a-voir éprouvé ſa fortune. Le Roi de Pruſ-ſe eſt dans une poſition à devoir promet-tre, & à ne pouvoir donner ſon ſecours à ſon Allié. Il lui ouvrira le champ, & le laiſſera agir. La Ruſſie ayant déterminé la Suéde à une paix particuliere, qui lui ôte ſon titre de garant de la Paix de Weſt-phalie, il n'aura pas de peine à réveiller la vieille antipathie des Suédois contre les Danois. Il eſt aſſez probable que S. M. Danoiſe ne recevra ni peur, ni mal de l'Al-liance des deux Couronnes, & que ſes ennemis ayant à l'aller attaquer chez elle, ils y penſeront long-tems, avant que de venir fe mettre à portée d'être repouſſés. Mais cette broüillerie ſe bornât-elle à des menaces & à des préparatifs entre les trois Puiſſances, elle nous cauſera d'auſſi grands dommages que la guerre la plus ſanglante, par l'interruption de nôtre Commerce le plus neceſſaire. Il faudra nous livrer aux Hollandois, qui ne manqueront pas de nous rançonner pour les chanvres, les lins, les bois & les autres denrées du Nord.

Que nous importe tout ce futur contingent, diront nos Fanatiques? Les Ruſſes feront les mêmes contre le Danemarc, qu'ils ont été contre le Roi de Pruſſe: leur marche ſera lente & difficile. Nous obtiendrons aiſément de S. M. Danoiſe, qu'en attendant l'arrivée de ſes ennemis ſur ſa frontière, elle joigne vingt mille Danois à nôtre Armée d'Allemagne. Avec une ſupèriorité ſi marquée, voilà que nous pouſſons les François de l'autre côté du Rhin... Fort bien, Meſſieurs : mais ſi les François préviennent d'eux-mêmes cette marche des troupes combinées, & ſe retirent volontairement ſur l'autre rive du fleuve; que nous en reviendra-t-il? Oh ! *répondent-ils*, Hanovre ſera hors de péril, la Heſſe ſera évacuée, le Duc Ferdinand tiendra ſous contribution les

les Evêchés, avec bonne partie des Elec-
torats Ecléfiaftiques ; les Etats de Clê-
ves, la Mark , & Ravensberg retourneront au Roi de Pruffe ; & ce Monarque,
rentré en poffeffion de fes Pays de Weftphalie, payera de fa neutralité dans la
querelle du Danemarc la reftitution
que nos armes, jointes à celles du Roi notre Allié , lui auront procurée.

En fuppofant que nôtre Armée de Weftphalie eût comblé ces efperances, que
nous en reviendroit - il autre chofe que
d'enterrer cent lieues plus loin dans l'Allemagne les hommes & l'argent qu'il nous
y faudra toujours envoyer ? Francfort,
occupé par le Duc Ferdinand, ne fera pas
plus de volume dans la Caiffe Militaire ,
que n'en a fait la Ville Impériale de Bremen.   Les François fe borneront à nous
obferver , pendant que l'Impératrice-Reine , qui eft pour le moins à forces égales
en Siléfie avec S. M. Pruffienne, tiendra
ce Monarque en échec. Une feule bataille fuffit pour changer la face des affaires
en ce Pays-là. Si la fortune y eft pour le
Roi, l'Autrichien reprendra la défenfi-
ve, & attendra fon ennemi fous Olmuts
& Glatz. Si la fortune fe déclare pour
l'Impératrice-Reine, la Siléfie tombera
d'elle-même, & le Roi, peut-être coupé

de

de la Saxe, fera forcé de fe replier fur la Pologne. Dans l'un & l'autre cas nous reftons aux prifes avec les ennemis du Danemarc. Perdons de vûe ce que l'émulation peut dicter aux François, & fixons-nous fur l'influence des armes Pruffiennes. Si elles ont le deffus, la Ruffie en devient plus forte & plus ardente, & nous achevons de nous épuifer en foutenant le Roi de Danemarc. Si les armes Pruffiennes font malheureufes, le Monarque eft pouffé par fon ennemi vainqueur; & la Ruffie devient fon unique appui. Irons-nous énlever cette reffource à notre ancien Allié, en tenant ferme pour le Danemarc, ou bien facrifierons-nous cette Couronne à la confervation du Roi de Pruffe, en la forçant de faire un accommodement également peu folide & peu avantageux?

Je n'ajoute aucune foi au rapatriement des Cours de Vienne & de Petersbourg. Si contre toute apparence, la Ruffie reprenoit les engagemens contractés par la défunte Impératrice, elle n'obtiendroit que des promeffes vagues fur fes prétentions. Vienne & Verfailles fe concerteroient pour faire aller avant toute autre chofe l'humiliation de la Puiffance Pruffienne. Il ne faut pas s'y tromper : la retraite & la conversion inopinées des troupes Russes ont fait perdre au Ministère Russe la confiance du Ministère Autrichien. D'ici à long tems, il n'y aura entre les deux Empires que des liaisons forcées. La Maison d'Autriche, qui n'avoit pas besoin de cette dernière expérience pour connoître qu'il est de sa destinée d'avoir tôt ou tard pour ses plus dangereux ennemis les Etats qu'elle a rendus capables de luter contre elle, ne voit plus, du même œil qu'auparavant, le projet de Pierre le Grand. Tant qu'elle étoit persuadée que par réflexion sur le Turc, qui est un ennemi commun, la Russie étoit necessairement liée à ses intérêts, elle croyoit travailler pour elle-même, en formant, en serrant les rélations que cette Puissance se donnoit avec le Corps Germanique. Lors de l'Alliance de la Maison de Holstein avec celle de Romanow, la Cour de Vienne a feint de ne pas voir qu'un jour le Chef de la première feroit appellé à récueillir toute la succession de l'autre. Elle n'a éveillé aucun Membre de l'Empire sur la renonciation que la constitution de l'Empire Germanique exigeoit : elle a laissé oublier que dans la Paix de Westphalie il est stipulé en termes clairs & pofitifs qu'il n'y aura dans l'Empire que les trois Communions, Catholique, Luthérienne & Calvinifte. Elle a négligé de mettre en Diette la double déliberation fur la difpenfe, ou fur l'exclufion d'un Prince paffé à la Communion Grecque. Si on prétend que la Cour de Vienne a été ambitieufe, on dira qu'elle comptoit fe donner un fecond pour opprimer cette république de Souverains. Si on la juge feulement attentive à fa propre confervation, on dira beaucoup mieux qu'elle vouloit faire, d'une Puiffance amie & fûre, un Membre de l'Empire affez redoutable pour contenir les autres Membres dont elle devoit craindre l'ambition & la jaloufie. La paix particulière entre les deux Monarques, l'alliance qui a fuivi de fi près le Traité, ont rompu l'une & l'autre de ces combinaifons. En négligeant maintenant de fe pourvoir contre le Ruffe, ainfi qu'elle a négligé, pendant plus d'un fiécle, de fe précautionner contre le Pruffien, la Cour de Vienne fe mettroit en danger de trouver dans celui-la le fucceffeur & l'imitateur de celui-ci, & d'avoir un jour à combattre pour fon exiftence contre la Ruffie dans des circonftances plus défavora-

bles que les circonſtances préſentes.
La Ruſſie & le Roi de Pruſſe ont achevé de bouleverſer l'ancien ſyſtême de
l'Europe politique. Ainſi que les Traités de Weſtminſter, & de Verſailles de
1756 ont fait à l'Oueſt & au Sud, les
Traités de Petersbourg, & de Guſtkow
en 1762. ont tout changé dans la balance
du Nord.

*Si la révolution, qui a ſuivi la défaite
de Charles XII. à Pultawa, n'avoit porté
que ſur le Militaire des Puiſſances du Nord,
dit le Teſtament d'Alberoni, Chap.
XVI. elle ſeroit ſans doute indifférente
aux deux Maiſons d'Autriche & de Bourbon. Peu leur importeroit du nom de leur
Allié. Mais de nouveaux Etats ſe ſont
formés des débris de la Monarchie Suédoi-
ſe, & leurs Légiſlateurs leur ont donné ce
qui leur manquoit pour un premier rôle dans les affaires générales de l'Europe.
. . . . . Sans la Livonie & l'Ingrie, les
Czars étoient confinés dans les Déſerts de
la Moſcovie, n'ayant pour ennemis que les
Polonois & les Tartares. Poſſeſſeurs de
ces belles provinces, ils ſont les maîtres de
la Baltique. . . . . De quelque coté qu'ils
ſe foſſent en Allemagne le petit Etat qu'ils
veulent unir à leur puiſſant Empire, ils
auront les Rois de Pruſſe pour ennemis.*

Soit dans le Holstein, soit dans le Meck-lenbourg, les Moscovites seront des voisins odieux à la Maison de Brandebourg. La modération viendroit trop tard à cette der-nière, pour lui concilier la Maison d'Au-triche. Si elle est fidèle à ses vûes d'agran-dissement, la jalousie de se voisins éclate-ra. Saxe, Hanovre & la Hollande se joindront à l'Autriche. La France & l'An-gleterre ne pourront demeurer neutres : le Danemarc se réservera pour être médiateur ; & si la Suède n'embarrasse pas les Czars au point de ne leur laisser aucune attention aux affaires du dehors, ces Princes s'offriront, & se feront recevoir pour arbitres à la tête de cinquante mille Russes. Au dégré où la Puissance Prussienne est parvenue, il ne peut y avoir une guerre dans l'Em-pire, qu'elle n'y entre comme Partie prin-cipale.

Tel étoit le Système de l'Europe avant 1756. Par le Traité de Janvier nous avons uni ce qui sembloit incompatible, Hanovre avec la Puissance Prussienne. Au mois de May suivant, la contre-bat-terie fut dressée à Versailles : la France & l'Autriche stipulerent la défensive. Le Traité de Petersbourg a achevé l'ou-vrage : le Danemarc est en défiance du Russe, qui dans l'ordre naturel des choſes doit être ſon plus fidèle Allié. La Suéde ſemble avoir oublié que ſes meilleures dépouilles ont été le partage du Moſcovite: enfin le Roi de Pruſſe & la Ruſſie ſont d'intelligence, & la Maiſon de Brunſwick s'eſt attachée à la fortune de S. M. Pruſſienne. Où eſt la balance dans le Nord? où eſt celle de l'Allemagne? Le Roi de Pruſſe eſt Partie principale dans la guerre Germanique: mais c'eſt lui qui ſollicite la Ruſſie de s'offrir pour arbitre à la tête de cinquante mille Ruſſes!

L'Accommodement de la Ruſſie avec le Roi de Danemarc dépendra toujours d'elle-même, vû que le Roi de Danemarc ne demande rien autre choſe, ſinon d'être laiſſé en l'état où les Traités l'ont mis. Ainſi le Roi de Pruſſe peut compter ſur le ſecours de ſon Allié, tant qu'il ſaura l'entretenir dans les diſpoſitions qu'il a montrées. Mais croira-t-on que ſi les Autrichiens étoient vainqueurs en Siléſie, l'offre de la médiation de la Ruſſie rendît tout à coup les Armées Autrichiennes immobiles? Croira-t-on que la menace de joindre aux armées Pruſſiennes cinquante mille Ruſſes effraïeroit les Miniſtres Autrichiens, & que la Cour de Vienne en fût déterminée à une subite négociation? L'Impératrice-Reine a trop bien connu la diftance qu'il y a entre la marche & l'arrivée des troupes de Ruffie, pour s'en laiffer impofer par les premiers mouvemens. D'ailleurs, il s'en faut beaucoup que la Ruffie ne foit vis-à-vis d'elle dans l'impartialité qui recommande & fait refpecter un Médiateur. La Ruffie fera donc réduite à laiffer Sa Majefté Pruffienne à elle-même, ou à prendre abfolument fait & caufe pour elle. Or en accordant que les deux Monarchies font affez riches pour entretenir de leurs propres Coffres leurs nombreufes Armées, on demande à quelle condition la Ruffie rifquera de fe facrifier pour fon Allié. C'eft précifément ce que je voudrois favoir de ceux qui fe promettent que les bons offices de notre Cour affoupiront la brouillerie entre le Danemarc & la Ruffie. La Ruffie renoncera-t-elle à fes prétentions, ou remettra-t-elle à un autre tems le deffein formé de les faire valoir? Dans le premier cas, elle prendra fon recours fur le Roi de Pruffe, à qui elle n'aura donné une paix fi avantageufe, que fous l'efperance de trouver fon dédommagement dans l'exécution du projet fur le Holftein & le Pays de Schles-

C 4

wick. Alors ou les Armées Russes reviendront dans leurs conquêtes ; ou bien S. M. Prussienne présentera à la Russie des esperances pour l'accroissement de son Empire, dans d'autres tems & d'autres circonstances : il tirera le Ministère Russe des vûes & des esperances que la defunte Impératrice avoit sur cette présente guerre.

Que la Russie restitue gratuitement le Royaume de Prusse & la Ville de Colberg, c'est ce qui n'entrera jamais dans la tête d'un homme sensé. Qu'on soit parvenu par la voye des bons offices & de la persuasion à éteindre entiérement les ressentimens de la Russie contre le Danemarc, c'est ce qui est encore moins croyable. On a plus de peine encore à imaginer que la Russie voulût rentrer en guerre avec S. M. Prussienne, à qui elle vient de donner la paix avec tant d'éclat. Enfin on ne voit pas qu'en faisant cause commune avec le Roi de Prusse, elle puisse avoir, à la fin de cette guerre, l'équivalent des conquêtes auxquelles elle semble renoncer.

D'après ces observations on se sent entrainé à penser que le puissant génie du Roi de Prusse a joué des siennes, & qu'après avoir fait faire heureusement au Ministère de Russie un pas dont il ne peut plus se dédire, S. M. Prussienne a sû se donner à lui pour le seul guide capable de le mettre & de le conduire dans la bonne route. Si jamais l'on publie l'Instruction sur laquelle se sont conduits à Petersbourg les Ministres & Agens de Prusse, instrumens de la réconciliation, je suis persuadé qu'on y trouvera à peu près ce que mandoit de ce Pays-là un des nôtres, à la mort de l'Impératrice Elisabeth. Cet habile homme s'exprimoit en ces termes.

Tout est fini ici pour les deux grandes Cours Alliées, si l'on met à profit le moment. Le Comte Esterhasi, Ambassadeur Autrichien, s'est fait peu aimer pendant le cours de sa Légation. Le Comte d'Argenteau-Merci, son successeur, auroit besoin de plusieurs années pour ramener à soi les esprits. L'Ambassadeur de France, le Marquis de Breteuil, ignore la langue du Pays, & n'a pas encore eu le tems de se donner le crédit qu'y avoit le Marquis de l'Hôpital, son prédécesseur. Pleins de confiance dans les Traités faits sous le dernier Regne, ces Ministres ne soupçonnent pas que le nouveau Gouvernement puisse, ou veuille s'y dérober.

Il faut profiter de cette fécurité. D'abord on préfentera au Miniftère Ruffe, de la manière convenable, l'état de la querelle entre l'Impératrice-Reine & le Roi de Pruffe. On doit bien être attentif à ne faire qu'effleurer les griefs du Roi de Pologne, Electeur de Saxe, & à trancher court fur eux, en promettant vaguement, mais d'un ton pénétré, toute la fatisfaction que la Ruffie demandera pour ce Prince & fa Famille.

Il faut rappeller tous les fujets de la guerre d'Allemagne en fon origine, au défir que la Cour de Vienne ne cache point de rentrer en poffeffion de toute la Siléfie. C'eft le lieu d'exagérer les vûes & le génie du Comte de Kaunitz, & fa fermeté inébranlable dans ce qu'il a une fois réfolu. On placera enfuite un tableau de la Puiffance Autrichienne: on montrera combien le nouvel ordre, mis fous ce Regne dans l'adminiftration intérieure, la rend fupérieure à ce qu'elle étoit fous les Empereurs Léopold, Jofeph & Charles. Il réfultera de ce tableau une déduction des intérêts de la Ruffie vis-à-vis la Maifon d'Autriche. Rien de plus aifé que de diffiper les vieilles idées de l'alliance contre le Turc. Il eft de notoriété publique que les Ottomans ne font pas en état de tenir contre une des deux Puiſſances, qui iroit à eux avec toutes ſes forces. Il eſt également connu que la Porte ne prendroit aucune confiance dans les paroles, qu'on lui donneroit à Vienne, d'une parfaite neutralité entre la Ruſſie & le Sultan.

De là on ramenera le Miniſtère Ruſſe à l'intérêt que l'Empereur ſon Maître aura toujours de n'admettre perſonne à partager avec lui l'influence qu'il s'eſt donnée dans les affaires de Pologne. Il faut lui bien faire concevoir que tant que la Siléſie eſt diviſée entre les Maiſons d'Autriche & de Pruſſe, les Ruſſes n'ont de ce côté aucune inquiétude, & que ſi toute cette belle Province retournoit à la Maiſon d'Autriche, les Armées Autrichiennes ſeroient plus à portée que les Armées Ruſſes de protéger le Candidat & la forme du Gouvernement, que la Cour de Vienne voudroit établir en Pologne. Il n'eſt pas poſſible que le Comte de Woronzow tienne contre l'évidence que cette réflexion porte avec ſoi. Certainement il ſe refroidira ſur l'alliance Autrichienne, & ſur l'intérêt que la défunte Impératrice prenoit au ſuccès des armes de l'Impératrice-Reine en cette Province. Alors il faut convaincre

ce Miniſtre que S. M. Pruſſienne eſt abſolument hors d'état de ſe maintenir en
Siléſie, tant que les Ruſſes & les Suédois lui feront, diverſion en Pruſſe & en
Poméranie, & dans le Brandebourg.

L'expérience a fait connoître qu'à l'a-
vénement d'un Succeſſeur au Trône, la
gloire de l'Etat & celle du Prince ſont
des mots d'une valeur plus grande que
dans le cours d'un Regne: il les faut mettre en avant avec dextérité ; & inſinuer
que les François étant avec cent mille
hommes au cœur de l'Allemagne, & la
Maiſon d'Autriche devenant maîtreſſe
de la Siléſie & de la Saxe, la Ruſſie, qui
à ſes Troupes à 200 lieues de ſes frontières, n'aura, ſoit dans la guerre, ſoit
dans la négociation de la Paix, que le
troiſième rôle : ce qui ne convient ni à
ſa puiſſance, ni à ſa dignité. Ajoutez que
le Miniſtère Ruſſe eſt trop éclairé pour
ſe promettre de garder le Royaume de
Pruſſe & ſes autres conquêtes dans la
Poméranie & le Brandebourg. Tout de
ſuite on lui déduira les raiſons de la
Cour de Vienne pour l'humiliation &
l'affoibliſſement de la Royale Maiſon de
Pruſſe, & celles qu'elle a pour empêcher
que cette Puiſſance ne ſoit ruinée, ou
anéantie. La Royauté de Pruſſe étant ſon

ouvrage, elle n'en voudra pas la def-
truction ; & il eft également certain
que le Corps Germanique exigeroit la
reftitution de Colberg, pour ne pas a-
voir le Ruffe dans fon fein. De cette
manière la Ruffie verra fe réduire à rien
la récompenfe qu'elle a dû fe promettre
de fes fecours, de fes pertes & de fes
fuccès en cette guerre; car Alliés &
Ennemis, tous font également épuifés
d'argent, & il n'y a point à compter fur
un dédommagement pécuniaire des fraix
& des dépenfes de la guerre auxiliaire.

On n'apperçoit pas que le Miniftére
Ruffe puiffe réfuter folidement ces re-
préfentations. Au contraire il y a lieu
de préfumer qu'elles feront plus d'impreffion fur lui, à mefure qu'il réflechira
fur elles. Cependant il évitera de s'en
expliquer; & c'eft à quoi l'on connoîtrâ
qu'il fera ébranlé. Il convient d'abandonner alors cette thèfe, & de fe jetter
fur les qualités perfonnelles du nouvel
Empereur, fur la profondeur des vûes
du Czar Pierre le Grand, qui a femblé
fouhaiter l'avénement de ce Prince à
l'Empire des Ruffies, auquel il vouloit
procurer l'Empire réel du Nord. Perfonne n'ignore que dans fes alliances de
famille ce grand Prince fe propofoit prin-

cipalement d'unir à l'Empire des Ruſſies quelque petit Etat Germanique , voiſin de la Mer. Il faut partir de là pour donner un précis de ce que la Maiſon de Holſtein a eu à ſouffrir de la part du Danemarc , & de ce qu'elle pouvoit ſe promettre de devenir, ſi ce puiſſant Voiſin n'eût pas fait obſtacle à ſa grandeur. On touchera le fameux projet du Duc Adolphe ſur le commerce de la Chine à travers la Ruſſie, & ſur le moyen d'en faire ſon Duché l'Entrepôt général pour l'Europe, à l'aide d'un Canal qui auroit uni la Baltique à l'Elbe, & épargné au navigateurs le paſſage du Sund, ainſi que le tour du Jutland. Rien de plus aiſé que de piquer d'émulation ſur cet article le Miniſtére Ruſſe, en lui faiſant entrevoir la diſpoſition où il trouveroit le Roi de Pruſſe d'ouvrir le paſſage aux troupes Ruſſiennes par la Poméranie & le Mecklenbourg , & de favoriſer la ſurpriſe de Lubek, Ville Impériale, ſur laquelle la Maiſon de Holſtein a des prétentions, & que S. M. Pruſſienne, tant par elle - même que par ſes Alliés & ſes amis, eſt en état de faire céder un jour par l'Empire à l'Empereur des Ruſſies, pour être incorporée à ſon Duché d'Holſtein, ainſi que le fut autrefois Donawert au Duché de Bavière, Magdebourg à l'Electorat de Brandebourg, Stralfund à la Poméranie Suédoife, & Strasbourg au Royaume de France, ainfi que le fera inceffamment la Ville Impériale de Bremen à l'Electorat d'Hanovre &c.

Lorfqu'il paroitra que ces infinuations auront fait leur première impreffion, on follicitera un Armiftice entre les troupes Ruffes & Pruffiennes. La faifon étant peu propre aux opérations militaires, la follicitation peut être appuyée de mille prétextes ; & il y a tout lieu de préfumer qu'elle ne fera point rejettée, quand même la Cour de Petersbourg feroit encore irréfolue fur le parti qu'elle doit prendre.

Pendant le cours de cette importante négociation, qui demande beaucoup plus d'adreffe & de manège que de favoir & de génie, il faut prêter aux Ambaffadeurs de France & d'Autriche en cette Cour, & à leurs gens, des propos pleins de hauteur & de confiance. Il faut faire naitre, s'il eft poffible, quelque difpute, ou queftion d'étiquette qui les intrigue. Cela deviendra pour eux une grande affaire, & pourra leur faire prendre le change fur la principale. La France, qui n'a rien à redouter de la Ruffie, s'en

48

tiendra à l'ancien pied, & la Cour de
Vienne, que mille égards captivent sur
l'article du Cérémoniel, indisposera par
sa lenteur, & ne satisfera point par sa
tardive complaisance. On se rapelle-
ra qu'en 1743 les Cours de Vienne & de
Londres, qui étoient alliées, se propo-
soient de tracasser l'Envoyé de France
à Petersbourg, & qu'elles avoient pro-
jetté de lui faire faire querelle personnel-
le par Milord Tirawley, si les autres bat-
teries manquoient.

Les choses en étant venues où l'on
les suppose, les Ministres & Agens de
Prusse & d'Angleterre donneront une
communication éxacte aux deux Cours
de toutes leurs observations, tant pour
ce qui regarde la disposition du Monarque, que pour ce qui concerne celle de ses Ministres; & le tems, qu'on aura eu le bonheur de gagner, fourni-
ra des moyens pour la suite de ce
grand & salutaire ouvrage. L'essentiel
dans toute cette besogne est de faire
connoître à l'Europe entiere que les liaisons entre les Cours de Vienne & de
Petersbourg ne sont point indissolubles;
& que l'intérêt des Puissances Confé-
derées contre S. M. Prussienne & ses
Alliés, n'est pas un intérêt aussi nécessaire

re qu'on l'a voulu faire croire.   Pour le reſte: *fata viam invenient.*

Tout s'eſt conduit à peu près comme l'indiquoit cette eſpèce d'Inſtruction. La tentative faite par les Pruſſiens ſur Lubek , avant que le Traité de paix fût conclû, prouve que l'acquiſition de cette Ville Impériale & Maritime entroit dans les deſſeins de S. M. Pruſſienne ; & il eſt bien conſtant que cette acquiſition n'é-toit pas pour Elle-même.   La ſurpriſe a manqué.   Les Citoyens de Lubek diſent que c'eſt par leur prévoïance ; mais le reſte de l'Europe en fait honneur à la prévoïance du Miniſtre & du Général Danois. Quoi qu'il en ſoit, le coup a été médité & tenté par les Pruſſiens ; & l'on riſque peu de ſe tromper, en croiant que le Roi de Pruſſe, parvenu heureuſe-ment juſqu'où va l'Inſtruction, s'eſt hâ-té de convaincre de ſa bonne volonté le Miniſtère Ruſſe, afin de ſe mettre hors du compromis dans les démarches que nôtre Cour alloit faire pour ſoutenir le Roi de Danemarc en ſon droit de poſ-ſeſſion.

On n'a plus que des conjectures ſur ce qui s'eſt ménagé depuis ce tems - là par le Miniſtère Pruſſien. Mais ces con-jectures ſont tellement appuyées ſur des faits, qu'il feroit bien plus téméraire de les combattre, qu'il n'eft hardi de les avancer. Qui ne voit qu'au premier office de S. M. Britannique, & au moment même que le deſſein ſur Lubek fut réſolu, le Miniſtre de Pruſſe à Petersbourg avoit le reſte de ſon Inſtruction? Il ne fut nullement déconcerté, quand les Miniſtres Ruſſes lui communiquèrent les premières inſtances de S. M. Britannique ſur un accommodement entre le Roi de Danemarc & l'Empereur leur Maître.

D'abord il feignit de regarder cette interceſſion comme une fauſſe démarche de la part de notre Miniſtère: il fit obſerver à pluſieurs repriſes que quand la garantie du Holſtein *in ſtatu quo* eût été encore plus obligatoire, ce n'étoit point là pour l'Angleterre le tems de s'en ſouvenir; & que ce Traité auroit dû être mis au nombre de tant d'autres de la même eſpèce, qu'on oublie, ou qu'on néglige comme des formalités. Inſenſiblement l'adroit Négociateur vint à nous rendre *plus* de juſtice ſur notre fidèlité à remplir nos engagemens.

Je me perds, dit-il, à chercher une raiſon de ſaine politique dans cette intervention de la Cour de Londres. Mais

j'y découvre quelque chose de bien satis-
faisant pour ses Alliés. Ils y peuvent
voir que sans distinction des lieux, des
tems & des circonstances, ils doivent
faire fond sur ce qu'elle leur aura promis; & la Russie seroit bien assûrée du
concours de l'Angleterre pour l'exécution de ses projets, s'il lui en faisoit pré-
senter quelqu'un, que ses engagemens
actuels ne la forçassent point à traverser.
La justice, que la Russie veut se faire pour
son Duché de Holstein, n'est point une
de ces résolutions que la remise ou le dé-
lai fasse échouer. Pourvû que ce Monarque ne signe rien qui desavoue ses
prétentions; pourvû qu'il n'admette aucune convention, ou composition défini-
tive, il sera autant en état, dans quelques
années qu'à présent, de faire valoir ses
droits; & peut-être y trouvera-t-il de plus
grandes facilités avec de plus grands a-
vantages.

Je m'imagine voir le Prussien attirer
d'un air distrait le Comte de Woronzow dans l'embrasure d'une fenêtre, &
chuchoter à ce Ministre, avec un air
mystérieux, que l'Auguste Maison de
Holstein est en état de former autant de
branches maîtresses que la Maison de
Bourbon; & qu'il peut y avoir dans le

52

Nord de l'Europe autant de Trônes pour la première, qu'il s'en eſt trouvé au Mi, di pour la ſeconde.

Ce n'eſt pas un Miniſtre de l'expérience & de la capacité du Comte de Woronzow, qui traite pareille inſinuation de pur badinage. Le grain a bientôt germé dans ſon eſprit; & il a bientôt compris qu'avec le ſecours, ou ſeulement avec la feinte indifférence du Pruſſien & du Suédois, la Ruſſie trouvera beaucoup moins de difficulté à faire recevoir un jour le Prince George de Holſtein pour Roi aux Polonois, que Louis XIV. ne dut ſe promettre d'en rencontrer à placer le Duc d'Anjou, ſon Petit Fils, ſur le Trône d'Eſpagne.

Je n'affirmerai pas que le Traité de paix ait été le réſultat des Conférences qui ont expliqué celle-ci. Pourquoi? Parce que cela peut très bien ne pas être. Mais ce que je ſuis prêt de parier, c'eſt que les choſes en ſont venues de cette manière au point où elles en ſont: ou qu'il faudroit que l'Etoile Pruſſienne eût totalement fait éclipſer celle de la Ruſſie en cette criſe. Comme la première opinion eſt également honorable aux deux Puiſſances, c'eſt celle que j'embraſſe; & je prie nos Hommes d'Erat de daigner refléchir avec moi fur ce Quartumvirat du Nord.

Quand les hommes feront des Anges, j'admettrai que les Princes puiffans feront contens de leur puiffance, & que fe bornant à augmenter le bien-être de leurs fujets, ils n'auront aucune autre ambition, que de vivre dans l'heureufe tranquillité de la jouiffance. Pendant que je fuis en humeur de parier, je parirois volontiers que le *Roi des François* lui-même, qui commande à la nation la mieux formée à l'obéiffance, qui poffédé la piece de terre la mieux arrondie & la plus favorifée de la nature, qui foit dans l'Univers : je parierois, dis-je, que ce Prince, dont la modération perfonnelle eft univerfellement reconnue, fouhaite d'ajouter quelque petit Pays à fon Royaume, de porter fa frontière d'un certain fleuve à un autre, d'augmenter de quelques Villes le triple cordon des Places fortes qui font barrière à l'intérieur de fes Etats. Je parierois que S. M. T. C. ne fe refuferoit point à l'occafion de faire avec fûreté une de ces acquifitions. Eh bon Dieu! Il y a pour d'habiles Miniftres tant de bonnes raifons, que le Prince le plus religieux croit n'être que jufte & fage, en devenant ambitieux

& conquerant. Nous-mêmes, sommes-nous raffafiés de la multitude des conquêtes que nous avons faites au-delà de notre propre efperance ? Nous ôfons déclarer à la face de l'Europe que la Floride Efpagnole nous eft abfolument néceffaire pour la fureté du vafte Continent que nous poffédons, & de celui que nous avons enlevé aux François derrière elle ! Après avoir joui quelque tems des Antilles Françoifes, nous defirerons les deux petites Ifles des Hollandois, & enfuite nous envierons au Roi de Danemarc fa petite & pauvre Ifle de St. Thomas. Les grandes Ifles de Saint Domingue, de Cuba & de Porto-Ricco nous fembleroient des Stations pour aller avec fûreté à la conquête du Mexique. De Panama nous coucherions en joue Lima & les riches mines du Potofe. Nous voudrions, après cela, naviguer dans nos eaux d'une Mer à l'autre, & depuis le Détroit de Magellan jufqu'aux Ifles du Cap Verd : nous voudrions ne partager avec perfonne les riches Pays, qui font entre la Rivière de la Plata & le Fleuve Oronoque. Qui s'imaginera que notre avidité fût alors fatisfaite ? Je mets en fait que nous ferions honteux d'avoir en Europe

des possessions si eloignées de proportion avec celles du Nouveau Monde.
Jusqu'à ce qu'un tremblement de terre
nous abymât avec notre Isle, nous nous
tourmenterions, & nous tourmenterions
nos voisins pour acroitre nos domaines.
Rome, accablée de sa grandeur, pensoit
encore à de nouvelles conquêtes. Soit
donc dit, sans offenser les Monarques,
dont j'ôse déviner la politique, soit dit
sans conséquence pour les vertus & les
grandes qualités qu'on admire en eux.
Trois Princes de la Maison de Holstein
sur les Trônes de Russie, de Pologne, &
de Suéde, & Alliés d'un Roi de Prusse,
n'auroient point entre eux une alliance
de pure défensive; ils s'uniroient pour
leur aggrandissement respectif: ils *guer-
roieroient* entre eux, aussi-tôt qu'ils ces-
seroient d'être à portée du bien d'autrui.
On peut donc, sans donner dans la
chimére, prendre en considération les
effets de cette terrible conféderation.
L'affermissement du Prince George sur
le Trône de Pologne, en dépit de tous
les Polonois, ne souffre ni *si*, ni *mais*.
Le Roi de Pologne seroit despote en ses
Etats un an après que ses puissans Alliés
auroient résolu de l'y mettre sur ce pied,
& il les payeroit de leur secours, en leur

cédant les morceaux de la Royale République qui font à leur bienféance.
L'Empereur de *toutes les Ruffies*, pour
juftifier fon titre, démembreroit la Province qui porte le nom de *Ruffie rouge*,
& qui eft une des plus grandes & des
plus riches Provinces de la Pologne: il
l'uniroit à fon Empire. Le Roi de Pruffe, pour la même raifon de fa titulature,
s'approprieroit la Pruffe Polonoife, appel-
lée ancienement la Pruffe Royale: le
Suédois feroit affigné fur les conquêtes
futures. A travers le Mecklenbourg,
que quelques années de paix auront réta-
bli, cent mille Ruffes & Pruffiens gagne-
ront le Holftein, avant que le Roi de
Danemarc ait combiné avec fes Alliés
fes moyens de défenfe. Cette Monarchie, prife par fes derrières, fera culbutée
dans la Baltique; & fes Ifles avec la Nor-
vége feront adjugées à la Suéde. Content d'aggrandir le défert qui le fépare de
la grande Tartarie & de la Chine, la
Ruffie fera paffer dans le Holftein & le
Jutland cent mille familles Mofcovites:
elle fe fera recevoir pour Protectrice de
Hambourg, en priant fes riches Bourgeois de prendre une Garnifon de fon
choix, & à fes livrées.....
Faifons ici une halte, en fuppofant que

les Conféderés la font auffi. On haran-
gue fort & ferme dans notre Parlement;
on délibere de même dans les Etats des
fept Provinces Unies ; on écrit, on im-
prime, on propofe à Ratisbonne. La
Cour de Vienne expédie des Couriers,
ordonne des levées en Hongrie. On ref-
ferre à Verfailles le *Pacte de Famille*, &
l'on y eft moins empreffé que ci-devant
à offrir au Corps Germanique le fecours
qui peut feul le garantir de la fervitude.
Le refte de l'Europe fe tient dans le filen-
ce, & eft avide de nouvelles. La Maifon
de Saxe fe trouve heureufe qu'on lui per-
mette de refter neutre : le Duc de Mecklenbourg, en attendant qu'on le chaffe de
fon Duché, donne paffage à qui le prend.

Trêve de prophéties, s'écrie un de
nos Politiques de * *Royal Exchange.* Si
nous fommes d'intelligence avec les quatre Puiffances, devons-nous prendre inquiétude de leurs fuccès? Elles nous donneront le commerce exclufif du Nord:
leur fortune deviendra la nôtre, & notre opulence naîtra de leur grandeur.
Laiffez les comme de nouveaux Tamerlan,
Gengis, Attila & autres Mangeurs **

* C'eft la Bourfe de Londres.
** Le vieux Caton appelloit ainfi les Rois de
fon tems. *Plutarque*, *Vie de Caton.*

d'hommes, défoler tout fur leur paffage, & aller fe faire enterrer avec leur
monde le plus loin qu'ils pourront, en
terre étrangère ; que nous importe ?
Ainfi que de leur profpérité, nous pro-
fiterons de leurs difgraces. Tant que les
Turcs ont été conquérans, Venife &
Gènes fe font enrichies de la mifère des
peuples attaqués. Le tems le plus heureux & le plus brillant de ces deux Ré-
publiques a été celui de la décadence
de l'Empire Grec; & fi elles avoient pû
fe tenir bien avec le nouveau Maître de
Conftantinople, ou fi elles avoient fû
lui faire la guerre à propos, elles auroient prolongé de plufieurs fiécles leur
profpérité. Notre pofition eft bien autrement avantageufe, pour la crife dont
il eft queftion. Notre Ifle eft placée entre les vainqueurs & les vaincus, fur le
flanc des uns & des autres. Ce n'eft pas
une Ifle de Sicile, également ouverte &
effentielle aux Romains & aux Carthagi-
nois. Ayant en nous mêmes notre propre défenfe, nous ferons toujours des
amis fouhaités & des ennemis redoutables. Notre neutralité fera tenue à
grace par les deux partis, & fi nous
nous déclarons pour l'un, jamais le retour ne nous fera fermé vers l'autre,

lorfque nous eftimerons qu'il conviendra à notre intérêt. Je vais plus loin dans les fuppofitions, continue notre homme, échauffé par la perfpective du Commerce univerfel, je confens que les quatre Confédérés exempts de jaloufie, mettent toute l'Allemagne fous le joug, & en partagent amiablement entre eux les morceaux qui font à leur bienféance; qu'ils difpofent du refte en faveur de leurs amis, & qu'enfin ils portent de concert fur les bords du Rhin les armées qui doivent leur affûrer leurs conquêtes & affermir leur domination. Je ne vois d'embarras dans tout cela que pour les François, nos ennemis naturels, & pour les Hollandois, que nous ne devons pas aimer davantage. Unis pour faire digue au torrent, ils n'auront pas trop de toutes leurs forces pour en foutenir, ou en retarder l'éruption: les affaires du Continent deviendront leur principal objet, & leur Marine négligée nous livrera l'Empire de la Mer & du Commerce. . . . . . Voilà bien les idées d'un véritable Anglois. Toujours nous fommes dans les extrêmes. S'agit'il de calculer le poffible, nous donnons l'effor à notre imagination, en conformité de la paffion qui nous anime; & pour décréditer la prudente timidité du Patriote, qui annonce des embarras & des périls, nous outrons ses hypothéses, & nous jettons sur elles le ridicule de la solution que nous leur donnons. S'agit-il de faire la guerre, on diroit que c'est l'unique guerre que nous puissions jamais avoir. Nous haïssons nôtre ennemi, comme s'il devoit être éternellement notre ennemi: nous travaillons à le perdre avec autant d'ardeur & aussi peu de ménagement, que si sa perte étoit le moyen unique & nécessaire de nous rendre heureux. C'est pour nos Alliés la même impétuosité que contre nos ennemis. Attention sur ces deux points: peut-être qu'en observant que près de deux siécles d'expérience démentent cette fougue de notre tempérament, nous cesserons d'être les tyrans de ceux de nos hommes d'Etat qui s'en sont heureusement préservés.

Notre Roi Henri VIII. fût obligé d'être tour à tour l'Allié & l'ennemi de Charles-quint & de François I. Sous le Regne glorieux d'Elisabeth nous avions juré à l'Espagne une haine implacable. Nous troublâmes sa Navigation & son Commerce, nous infestâmes ses Mers & ses Côtes, nous menaçames ses possesſions d'Amérique & celles d'Europe : nous aurions voulu que toute la Monarchie Eſpagnole eût été dans Cadix, dont l'heureux Comte d'Eſſex ſe rendit le maître. Sous le Regne de Guillaume III. nous avons été obligés de protéger ces mêmes poſſeſſions Eſpagnoles, & cent fois nous avons eu occaſion de gémir ſur l'aveugle fureur avec laquelle nos Peres avoient aidé les François à jetter cette Monarchie dans l'épuiſement. Nous avons partagé avec la France l'honneur & les fraix de la fondation de la République des Provinces · Unies: ſes ennemis étoient les nôtres ; nous imaginions que notre ſûreté étoit attachée à la ſienne. Cependant il s'étoit à peine écoulé quatre années depuis que le Traité de Munſter l'eut miſe au nombre des Etats Souverains de l'Europe, que nous lui fîmes une guerre où nous ne la menacions pas de moins que de ſon entière ruine. Nos Hiſtoriens ne finiſſent point contre le Roi Jacques I., qui par ſa ſtupide inſenſibilité ſur les excès de l'Empereur Ferdinand II., fit le ſalut de la Maiſon d'Autriche en Allemagne ; & ils comblent d'éloges Guillaume & Anne qui ont prodigué, cinquante ans après, pour l'aggrandiſſement de cette même

Maifon d'Autriche le fang & les tréfors de l'Angleterre. Nous favons de la génération précédente à quel point étoit portée dans les trois Royaumes la haine contre Louis XIV. & fes Sujets; & tous, tant que nous fommes d'Anglois fenfés, nous applaudiffons aux Traités d'Utrecht, par lefquels nous empêchâmes que ce Monarque & cette Monarchie, tant haïs, ne fuffent accablés par des ennemis enflés de nos fecours & de leurs fuccès. On ne pouvoit répondre à nos allarmes, dans les dix premières années de ce fiécle, fur l'alliance qui feroit deformais entre la France & l'Efpagne, & en 1720. il nous fallut être Médiateurs de la paix entre les deux branches de la Maifon de Bourbon. Nous eûmes à rompre en 1726. l'alliance de Charles VI. & de Philippe V.

Fixons-nous fur ce qui s'eft paffé de nos jours. Que ne nous en a-t-il pas coûté dans la précédente guerre pour conferver à l'Héritiére d'Autriche la fucceffion de l'Empereur fon Pere? Que n'aurions nous pas donné pour la lui conferver toute entière, pour la préferver de tout démembrement? Nous avons été auffi affligés qu'elle, du facrifice qu'elle fut obligée de faire de la meilleure partie de fa Siléfie. La Dette Nationale augmenta de * vingt fix millions de livres Sterling par les efforts que nous fîmes pour fa caufe, tant en Italie qu'en Allemagne. Voilà pourtant que nous bataillons en Allemagne depuis fix ans, pour empêcher cette Princeffe de recouvrer cette Siléfie, dont la ceffion nous donna tant de chagrin? Dans ce dernier fiyftême †, la Dette Nationale a augmenté de plus de cinquante millions de livres Sterling. Nous regardons l'aggrandiffement de la puiffance de Pruffe comme ce qui peut nous arriver de plus heureux; & nous faifions des vœux, il y a vingt ans, pour que la Maifon de Brandebourg rentrât dans fa première médiocrité! Qui ne connoît pas l'Imprimé d'un de nos Mîniftres § de ce tems-la contre le grand Prince dont nous faifons à préfent notre Héros?

Rien n'eft ftable parmi les hommes: il n'eft pas befoin de l'autorité de Salomon pour faire admettre cette vérité. Le Politique Italien recommande d'aimer comme fi l'on étoit fûr de haïr bien-

* La dette en 1738. étoit de 49. millions.

† Elle eft cette année de 130.

§ Le Lord Carteret Secretaire d'Etat, & maintenant Préfident du Confeil Privé du Roi, fous le nom de *Comte de Granville*, publia en 1745. contre le Roi de Pruffe un Ecrit fanglant.

tôt, & de haïr comme fi l'on avoit af-
fûrance d'une prochaine réconciliation.
Si cette maxime eft d'un ufage falutaire
pour les Citoyens, que ne doit-ce pas
être pour les Nations & pour les Etats,
qui, n'envifageant de fin pour eux que
celle du Monde, doivent, avant que de
fe livrer au préfent, avoir devant les
yeux toutes les combinaifons des pof-
fibles futurs.

Le Syftême des Souverains peut changer; mais celui de l'Etat ne change
point, fans que fa conftitution foit menacée de ruine. Notre Miniftère peut
avoir de bonnes raifons pour nous mettre en guerre avec Louis XV, avec Ma-
rie-Thérefe, en alliance avec la Ruffie &
Fréderic III. Mais il lui eft abfolument
impoffible de conferver la Grande Bretagne avec fa véritable conftitution, fi
l'Electeur de Hanovre devient à peu
près auffi puiffant que le Roi d'Angleterre; s'il y a dans le Nord une Puiffance dominante, ou fi par leur union plufieurs Puiffances du Nord fe trouvent
capables de luter contre le refte de l'Europe. La Puiffance Britannique fe trouve fappée par fes fondemens, s'il n'y a
pas en Allemagne une Puiffance en forces à faire refpecter les loix Germaniques;

ques; & s'il n'y a pas au voifinage, dans le Continent, une autre Puiffance également intéreffée & recevable à empêcher, que le Manutenteur des Loix de l'Empire n'en devienne l'oppreffeur.

La fituation des trois Royaumes n'eft nullement pour nous une raifon de braver la fortune du Continent. Au contraire nos liaifons avec lui étant fort difpendieufes pour nous, il eft prévenu de la difficulté qu'il aura à nous y déterminer; & il compte peu fur leur folidité, tant à caufe de cette difficulté à nous y réfoudre, qu'à caufe de la difficulté à nous y rendre conftans. Nous fommes des Négocians, des gens qui mettent à la groffe avanture. Un plan brillant nous féduit, nous tranfporte : nous nous ruinerons pour le mettre en exécution, parce que nous faififfons avec enthoufiafme les efperances qu'il nous offre. Un projet folide ne trouble point notre imagination : il ne nous demande point de fortir de notre routine; nous l'examinons en rigueur, & fi nous ne voyons pas clair, comme le jour, qu'il rapportera cent pour cent, nous nous y refufons, ou nous l'abandonnons.

Notre fituation ne nous eft nullement avantageufe, rélativement aux révolutions du Continent. Elle nous prive du fecours, que tout Etat de terre ferme peut efperer de fes voifins contre un envahiffeur; elle diminue l'intérêt que l'étranger doit prendre à nous, en le mettant hors de portée de nous fecourir à fa manière. Nos forces font grandes, j'en conviens; mais combien un ennemi déterminé n'a-t-il pas de moyens pour nous rendre ces mêmes forces funeftes? Le fameux Cardinal de Richelieu n'avoit encore dépenfé contre notre Roi Charles premier que deux cent mille écus; & il fe tenoit fûr * de lui prouver qu'on ne méprifoit pas fa vindicative Eminence impunément. Notre fituation! Je voudrois bien qu'on me nommât l'envahiffeur, qui, depuis les Romains †, a manqué fon coup fur nous. Toutes les Côtes de l'Angleterre font un Port, & nous n'avons que des hommes fans expérience à oppofer à des Soldats aguerris. Tour à tour, nous avons été la conquête du bas Saxon, du Danois & du Normand. Le Souverain d'une Provin-

* Lettre du Cardinal au Comte d'Eftrades, Tome I. 1632.

† On ne peut pas citer au Docteur le Roi d'Efpagne Philippe II., dont la Flotte fut écartée des Côtes d'Angleterre, & diffipée par la tempête.

ce, qui n'eſt pas la ſixième partie de ce Royaume de France que nous bravons, nous a tenus pour ſes ſujets, * ou plutôt pour ſes eſclaves, auſſitôt qu'il eut pris terre dans notre Ile. Chez nous, une guerre civile peut être de durée, parce que la férocité, qui ſe met bientôt dans les deux Partis, ne connoît ni règles, ni conduite. Prions le Ciel qu'il nous préſerve à jamais d'une invaſion d'Etrangers, où notre ennemi ſe préſenteroit à nous *le cœur chaud* † *& la tête froide*, où contre nos Généraux, qui n'auroient que du courage & de la lecture, nous verrions des Maîtres paſſés dans cet Art practique du Militaire de terre, dont la conſtitution Britannique ſouffre à peine chez nous quelques apprentifs.

Il ſemble qu'on ait honte maintenant en Angleterre de l'épouvante qu'on y prit du Projet & des Batteaux - plats du feu Maréchal de Belle-Iſle. On s'excuſe de cette frayeur ſur l'état où étoient alors notre Marine & celle des François.

---

* Guillaume le Conquérant, Duc de Normandie, dont la Maiſon de Hanovre deſcend par les Femmes, fit mettre le feu au Vaiſſeau qui l'avoit amené, dès que tout ſon monde eut pris terre.

† Le Roi Guillaume reconnoît ces deux qualités dans le fameux Duc de Marlboroug.

Nos ennemis avoient à Breſt une Eſcadre de 22 Vaiſſeaux. Nous n'en avions que 30 à leur oppoſer, leſquels, étant bien moins forts de monde, pouvoient être déroutés par les vents, ou diſſipés par un Combat. Il y avoit danger que la Flotte de tranſport ne prît terre à l'Eſt ou à l'Oueſt, pendant que l'Eſcadre auroit retenu ou pouſſé la nôtre, ſoit au Sud, ſoit au Nord.

Pour peu qu'on y refléchiſſe, notre poſition à cet égard n'eſt pas meilleure à préſent qu'elle n'étoit alors: Si nous avons un plus grand nombre de voiles dans la Marine Royale, le nombre des Vaiſſeaux armateurs eſt devenu plus petit, & les Vaiſſeaux du Roi ſont chargés de toute la protection de notre Commerce, de nos Conquêtes, de nos Côtes, des Côtes du Portugal, de nos poſſeſſions, & de celles du Roi notre Allié dans les deux Indes. L'Eſcadre, qui eſt dans la Méditerranée, y devient doublement néceſſaire, & elle doit y être plus forte. Il en faut une en croiſière ſur les Côtes de Guyenne & de Biſcaye. On ne ſauroit faire aucune réduction dans celles qui ſont aux Indes, tant Orientales qu'Occidentales. Nos Miniſtres ſentent la néceſſité de tenir une nouvelle

Efcadre prête pour la Baltique. Il en faut une pour maîtrifer l'embouchure du Tage; il faut quelques Vaiffeaux croifiers fur la Côte de Guinée, il en faut plufieurs autres entre l'Ecoffe & l'Irlande. Après ce premier difpofitif abfolument néceffaire, nous reftera-t-il trente Vaiffeaux de ligne à oppofer aux Efcadres de France & d'Efpagne, qui efcorteront une Flotte de tranfport? Si le Nord, fondant fur le Danemarc, fe chargeoit de l'invafion, quel feroit notre recours? Le Roi de Suéde Charles XII, déjà prefque atterré par les coups les plus terribles de la fortune, ôfa projetter pareille expédition; & ce Monarque, qu'on n'accufera pas d'ignorance dans le Militaire, fe tenoit certain du fuccès. . . .

Je m'arrête ici, pour ne pas effuyer une feconde fortie de notre politique *de Royal Exchange.* Les diverfes combinaifons, fur lefquelles je fouhaite donner quelque inquiétude à mes Compatriotes, doivent être appreciées, & jugées par comparaifon avec les révolutions arrivées en Europe depuis un fiécle. Il faut obferver le génie & le caractère des Princes & des hommes d'Etat, qui y ont fait les principaux perfonnages: il faut comparer la mefure de poffibilité, qu'il y avoit avant l'évenement, entre le paffé que l'hiftoire nous offre, & l'avenir où j'ôfe pénétrer à tâtons.

Les Traités de Weftphalie venoient de donner la paix à l'Allemagne. La France & la Suéde fembloient également fatisfaites de la récompenfe dont le Corps Germanique avoit payé leur fecours. Le Succeffeur de Chriftine, ayant trouvé les coffres épuifés, paroiffoit forcé de faire joüir fes peuples des douceurs de la paix : il paroiffoit réduit, pour acquérir un grand nom qu'il ambitionnoit, à la voye fi pénible & fi peu battue, que préfente à tous les Princes l'application à l'adminiftration intérieure. L'homme qui auroit alors averti la Pologne & le Danemarc d'une prochaine invafion, qui auroit menacé les Polonois d'avoir Charle - Guftave au fein de leurs Provinces, & les Ifles Danoifes d'être prifes d'infulte par une Armée Suédoife venue à elles à travers les glaces de la mer ; l'homme qui auroit ajouté qu'aux yeux & fans l'aveu de l'Angleterre, de la France & de la Hollande, malgré l'Empereur, l'Electeur de Brandebourg & la Maifon de Brunswick, le Roi de Suéde, accompagné de dix mille hommes, alloit renverfer le Roi de Dane-

marc de fon Trône & prendre Coppenhague, fi fes propres Suédois ne traver-
foient fes opérations; cet homme n'auroit-il pas été jugé digne d'un logement
à * Beedlam? Cependant tout cela arri-
va dans l'efpace de quelques mois, &
le Roi de Danemarc ne conferva fa Couronne, qu'en acceptant les plus dures
conditions * * d'une Paix injufte.

Si le même homme avoit refufé de
croire à la folidité de cette Paix; s'il
avoit conjecturé une feconde invafion
de la part du Roi de Suéde, moins heureufe que la première pour l'envahiffeur, il auroit peut-être trouvé quelque
créance, parce que la perfuafion eft générale qu'une Paix extorquée ne dure
qu'autant que la Partie léfée eft obligée
de retenir fon reffentiment. Mais en auroit-il été cru, s'il avoit ajouté que
Charles - Guftave venant à mourir au
milieu des difgraces de fes armes, & en-
vironné d'ennemis également en droit,
en pouvoir & en volonté d'humilier la
Suéde, non feulement le Traité de Paix,
ménagé par la France, l'Angleterre & la
Hollande, ne feroit aucune fatisfaction
au Danemarc; mais qu'au contraire il

---

* Ce font les Petites-maifons de Londres.
** Traité de Rofchild du 28 Fevrier 1658.

obligeroit cette Puiſſance victorieuſe &
ſes Alliés à confirmer la ceſſion des Pays
extorqués d'elle par la Suéde, dans le
précédent Traité?

Y a-t il prodige de politique, ou de
bonne fortune, plus grand que celui que
l'on vit chez les Hollandois dans la
guerre terminée à Nimegue? Abandon-
née de tout le monde en 1672, la République ne demandoit que de capituler
avec Louis XIV. pour ſa reddition ; &
après trois ans de guerre, on la vit preſque entiérement hors de cauſe, n'avoir
plus à traiter que pour ſes Alliés! Vainqueur de tous côtés dans la guerre terminée à Ryſwick, Louis XIV. fut obligé
de traiter en vaincu. Le Duc de Savoye,
qu'à peine on comptoit alors dans la balance de l'Europe, fit les conditions à ce
puiſſant Monarque, & à l'Europe entière liguée contre lui. A la vûe de notre
animoſité contre la France en 1705. &
les quatres années ſuivantes, qui auroit
ôſé annoncer qu'en 1712. la liberté de
l'Europe & l'intérêt de la Grande-Bretagne exigeroient & obtiendroient de
nous que nous priſſions le parti de notre ennemi contre nos Alliés ? Les pertes de la Suéde, l'accroiſſement de la Ruſſie, celui des Maiſons de Pruſſe & de

Savoye, la réduction des deux Siciles par une Armée Espagnole en moins de trois mois, l'acquisition de la Lorraine faite par la France, sans coup férir: ce sont-là des évenemens auxquels nos Politiques n'auroient pas voulu donner place dans l'ordre des choses possibles. Ils sont arrivés sous nos yeux, & à peine nous ont-ils causé dans le tems une surprise médiocre. Il ne faut, ni nous ravaler, ni nous en faire accroire. Si nous ne valons pas mieux que nos peres, nos peres n'ont pas mieux valu que nous. Les uns & les autres, également ennemis de la réflexion, nous n'avons point profité des leçons que nous fournissoit le passé. Mais la crise, où nous nous trouvons, étant plus forte & plus dangereuse qu'aucune de celles que nos dévanciers ont essuyée, elle doit nous rendre plus ingénieux à prévoir, plus industrieux à prévenir les périls qui nous menacent. Peut-être que les affaires ont déjà un cours, qu'il ne dépend pas de nous de détourner. Mais n'est-ce rien que de s'être mis en état de n'être pas pris au dépourvû par les évenemens?

Selon toute apparence, la Paix, dont tous les Etats ont un égal besoin, ne tardera pas à se conclure. Mais il est fort à craindre que sous le nom respectable de paix ce ne soit qu'une simple Trêve, d'autant plus courte, que les Puissances, que la lassitude ou l'épuisement y fera accéder, semblent en ne lui fixant point un terme, permettre tacitement de la rompre à tout Etat qui croira voir son intérêt dans le renouvellement de la guerre. D'habiles gens n'assignerent que dix ans de durée au Traité de Dresde en 1745. Ils pronostiquerent qu'au bout de ce terme la guerre se rallumeroit pour la possession de la Silésie. Sans vouloir se mettre de pair avec ces Politiques profonds, on ôseroit bien assûrer que la prochaine Paix, si elle ne vuide pas péremptoirement le Différend des Maisons d'Autriche & de Prusse, si elle ne rétablit pas la confiance, & une espèce d'égalité entre la Grande Bretagne & la France pour le Commerce & la Navigation, ne suspendra pas les hostilités pour cinq ans. Ce n'est donc pas assez de bien saisir l'état présent des choses; il faut encore les envisager sous toutes leurs faces pour l'avenir.

Dans la position actuelle des affaires de l'Allemagne & du Nord on peut encore esperer ou craindre que la fortune des armes se déclare. Les Armées Françoifes & Autrichiennes peuvent être battues; elles peuvent être victorieufes. Dans le premier cas, la fupériorité des Maifons de Pruffe & de Brunfwick s'établiroit dans l'Empire. Dans le fecond, la Maifon d'Autriche augmenteroit de puiffance par le recouvrement de la Siléfie, & de crédit par la crainte où l'abaiffement de la Puiffance Pruffienne tiendroit les plus puiffans Membres du Corps Germanique. Si la France victorieufe de fon côté, ainfi que fon Allié du fien, eft en état de tirer tout le fruit de fes fuccès, & de fe faire donner dans la pacification toute l'influence qu'elle aura droit de prétendre, l'équilibre de l'Allemagne fera raffermi, la conftitution de l'Empire fera réparée, ou renouvellée, & la fatisfaction dûe à la Maifon de Saxe, faifant adjuger à cet Electorat une partie des pertes de la Maifon de Pruffe, le Corps Germanique fe retrouvera avec les contrepoids que l'exceffif accroiffement de la puiffance Pruffienne avoit enlevé. De toutes les Puiffances intéreffées au fort de l'Allemagne, il n'en eft point à qui la confervation de cette République de Souverains importe plus qu'à la France. Si les circonftances ne permettent pas à la Cour de

Versailles de faire dans la pacification tout ce qu'elle doit souhaiter de faire, la Maison d'Autriche, que son admini-stration intérieure rend plus puiffante que jamais, ne tardera pas à paroître plus redoutable qu'elle n'a été dans ses tems les plus brillans. La jaloufie fur un Etat formidable ne tarde pas à fe chan-ger en haine, & la guerre en eft la fuite. Que la France foit alors en volonté de prendre part à cette guerre, ou que d'au-tres vûes lui faffent préferer la paix, ce fera toujours une guerre civile dans l'Empire, laquelle replongera l'Europe dans les allarmes & les peines du fiécle paffé. Il n'eft point de raifon dans l'efprit de parti, capable de balancer l'intérêt de l'humanité. Avec tous les amis du gen-re humain je fouhaite la paix: avec tous les bons Anglois je fouhaite princi-palement celle du Continent, où la guer-re nous eft préjudicable de toutes ma-nières. Mais je crois que tout homme fenfé doit fouhaiter que cette Paix foit produite, plutôt par la fupériorité des ar-mes Françoifes & Autrichiennes en Al-lemagne, que par celles des armes Pruf-fiennes & Anglo-Hanovriennes.

J'avouerai que le Roi de Pruffe m'éf-fraye de fon alliance avec la Ruffie.

Son puiſſant génie m'épouvante ; cette fermeté, avec laquelle il ſuit ſes premières vûes, me ſemble menacer l'Europe de grands troubles. Je ne vais pas ſi loin que notre Politique de *Royal exchange.* Je ſais que la conquête de l'Allemagne eſt un de ces Projets , qui, *pour être approuvés **, *veulent être achevés.* Mais je ſais auſſi que ce qu'on appelle la *Monarchie univerſelle* n'eſt point la poſſeſſion de toute l'Europe. Cet objet de l'ambition de tant de Princes, ſoit guerriers, ſoit politiques, n'échappera point à celui qui, ſoit par ſes forces, ſoit par ſes richeſſes, ſoit par ſon crédit, ſoit par tous les trois enſemble, aura plus d'influence dans les affaires générales que tous ſes ennemis & ſes rivaux réunis; & telle ſeroit la poſition de S. M. Pruſſienne, ſi ce Monarque ſe trouvoit à la fin de cette guerre en poſture à dicter les conditions de la Paix.

La Maiſon de Saxe, qu'il aura écraſée, ſera confirmée par ſix ans des plus grands malheurs dans la crainte qui l'a retenue, même avant cette épreuve, d'entrer en aucune alliance défenſive contre

---

* La citation eſt du 3me. Acte de la Tragédie de Mitridate de Racine : elle rend la citation Angloiſe.

fon puiſſant voiſin. La Maiſon d'Autriche convaincue par ſix années d'une guerre ruineuſe qu'elle n'eſt pas capable d'abattre ſon ennemi, achetera la ſuſpenſion de ſa haine par des égards & des condeſcendances; & par cette déférence forcée elle fera paſſer, malgré elle-même, à la Maiſon de Pruſſe la primauté de crédit & d'autorité, qui devroit reſter dans la Maiſon d'Autriche pour le repos du Corps Germanique. La Maiſon de Brunſwick & le Landgrave de Heſſe-Caſſel, affermis dans leur alliance avec la Maiſon Royale de Brandebourg, ſuivront ſa fortune par raiſon, par intérêt, ou par crainte. Le Cercle de Franconie n'aura point, dans ſes Aſſemblées, d'autre eſprit que celui du Proteſtantiſme, qui même en cette guerre lui a fait faire des vœux pour le ſuccès des armes Pruſſiennes. Le Cercle de Bavière doit être compté pour rien: il ſuivra l'exemple que lui donnera la Cour de Vienne. Les Cercles de Souabe, du Haut & du Bas-Rhin ont des forces & des reſſources; mais s'ils ſont abandonnés à eux-mêmes, ils ſont trop foibles pour porter ſeuls le fardeau de la défenſe du Corps Germanique. La hardieſſe & les moyens ne ſauroient leur venir que de la part de la France, & nous nous acharnons à l'épuifement de cette Monarchie !

Tout cela revient au même, *s'écrie mon Adverfaire.* Que les Alliés du Nord foient maîtres dans l'Empire, ou qu'ils foient les conquérans de l'Allemagne, je n'y fais point de différence. Occupés de leur ambition, ou de leur politique, ils nous abandonneront le Commerce; c'eft tout ce que nous demandons.

Puifqu'il faut écrafer ce Raifonneur, avant que de le forcer à fe taire, je le prierai de me dire quelles ont été les vûes & les efperances de S. M. Pruffienne au commencement de cette guerre. Il eft de fait que ce Monarque, en preffant le Roi, Electeur de Saxe, de faire caufe commune avec lui, promettoit à ce Prince de l'admettre au partage de la fortune que lui feroient fes armes. La conquête de la Bohême eût été certaine pour les deux Rois-Electeurs Alliés, & la Moravie n'auroit pas mieux tenu contre leurs forces réunies. Dira-t-on que le Roi de Pruffe auroit été content de ne faire que changer d'émule & de voifin ? S'imaginera-t-on que ce Monarque eût cru gagner quelque chofe, en fubfti-tuant à la Maifon d'Autriche la Maison de Saxe , devenue auſſi puiſſante qu'elle . . . .? Il ſeroit téméraire de pénétrer dans les vûes de S. M. Pruſſienne au-delà de ce qu'elle en a laiſſé voir. J'aime mieux prendre mes autorités dans le paſſé.

Souvent le Prince du plus grand génie eſt entré en action , avant que d'avoir formé un Plan complet. Guſtave-Adolphe, en ſecourant Stralſund & le Duc de Poméranie , n'avoit certainement point un Plan d'opérations dreſſé pour quand il ſeroit au bord du Rhin avec une Armée victorieuſe. L'Ambitieux, formé pour les grandes choſes, *dit un Hiſtorien*, régle ſon ambition ſur ſes reſſources , mais ne projette que ſuivant ſon pouvoir actuel. Chaque dégré de ſon élevation eſt ſon unique but , juſqu'à ce qu'il ſoit parvenu à vûe , pour ainſi dire , du dégré ſuivant. Celui, qu'il a atteint , devient alors pour lui une Halte, où il prend des forces & de nouvelles meſures pour s'élever au dégré ſupérieur.

Guſtave-Adolphe, avant la Bataille de Leipſic, ne ſe propoſoit que la réformation , ou le rétabliſſement des loix de l'Union-Germanique avec l'acquiſition d'un Etat de l'Empire pour la Suéde. Ses vûes s'étendirent avec ſes ſuccès.
De

De Mayence, où il étoit ſix mois après cette victoire, il parloit d'ôter la Couronne Impériale à l'Empereur Ferdinand, & de la mettre ſur ſa propre tête. Il étudioit les Cartes d'Italie, il menaçoit Rome de ſes armes.

Le Roi de Pruſſe, en alliance avec la Ruſſie, eſt certainement entré dans cette nouvelle carrière, ainſi que Guſtave-Adolphe dans la ſienne. L'habile Monarque, que les opérations des armées Ruſſes preſſoient juſqu'au centre de ſon Electorat, a eu pour objet de ſe délivrer d'un péril urgent. Il s'agiſſoit de fixer à Colberg le *non plus ultra* de cet Ennemi. S. M. n'ignore aucunes des combinaiſons poſſibles de la rélation de ſon Royaume avec l'Empire des Ruſſies. Mais bien mieux informée, que les Politiques ſpéculatifs, de l'état intérieur de ce dernier, il connoît combien les Czars ont encore de chemin à faire pour ſe donner, au même degré que lui, le nerf de la ſcience de la guerre : il obſerve à quelle diſtance ils ſont des Puiſſances à la portée deſquelles il leur convient de ſe mettre pour prendre un premier rôle ; & s'en remettant aux conjonctures ſur les moyens de les arrêter, auſſitôt qu'ils auront fait pour lui & les ſiens ce qu'il peut attendre, il eft déterminé à profiter, autant qu'il eft poffible, de l'influence qu'il vient de leur donner dans les affaires préfentes.

Si la fortune ne vient point traverfer cette alliance des Puiffances du Nord; fi le Ruffe, le Suédois & le Polonois n'entrent pas en défiance de leur Allié, il eft indubitable que, femblable au Lion de la fable, ce dernier faura s'adjuger la meilleure partie de la chaffe. Par fa pofition, par fon Gouvernement, la Monarchie Pruffienne peut fe promettre l'Empire du Nord. Mais je fuppofe qu'elle fe contente du réel de la primauté, fommes-nous affez infenfés pour efperer qu'elle nous abandonnera le Commerce? Les Conquérans des tems les plus barbares ont reconnu que le Commerce étoit leur premier moyen de confervation. Les Vandales ne furent pas plutôt établis en Afrique, qu'ils eurent des flottes en Mer. Les Arabes & les Sarrafins, qui vinrent après eux, infeflerent l'Italie de leurs pirateries, conquirent la Sicile, la Sardaigne, la Corfe, & s'y maintinrent plufieurs fiécles. Charlemagne créa une Marine. Mahomet II. avoit la fienne, avant que d'être maître de Conftantinople. Pierre le Grand eut

à peine les premières lueurs de fon aggrandiſſement, qu'il étudia la conſtruc-
tion, forma des chantiers, acheta des
Vaiſſeaux, & montra dans la Baltique un
nouveau pavillon, qui fut bientôt ſupérieur à tous ceux du Nord. Sans aller
chercher des exemples hors de notre
ſujet, le Roi de Pruſſe ne met-il pas en
tête de ſes vûes, pour l'accroiſſement de
ſa puiſſance, le deſſein d'introduire &
de faire fleurir le Commerce dans ſes
Etats? Les preuves de détail ſeroient
inutiles: les ennemis de la cauſe Pruſſienne ont épuiſé la matière. Ainſi que certain Curé de Paris, mort en odeur de
ſainteté, s'inquiétoit fort peu de faire
tort aux pauvres des autres Paroiſſes;
pourvû qu'il procurât le bien-être des
pauvres de la ſienne, S. M. Pruſſienne
n'a conſidéré que les peuples confiés par
la divine Providence à ſes ſoins; & l'on
ne peut, ſans aveuglement, imaginer que
le Monarque perde ces vûes, en devenant plus capable de les remplir.

Rappellons-nous combien peu l'Europe
appréhendoit des diſpoſitions de cette
eſpèce de la part de la Cour de Vienne
lors de la paix d'Utrecht, & voyons
quelles furent ſes inſtances, cinq a ſix

ans après, pour fa Compagnie d'Oftende.
Informons - nous des projets qu'elle a
formés fur fon Port de Triefte, & nous
trouverons que toute Puiffance, qui a
les moindres notions claires & diftinctes
de la véritable grandeur des Etats, n'a
rien de plus preffé que de fe faire
reffource du Commerce. Nous avons
fait beaucoup moins de bruit fur l'éta-
bliffement de la Compagnie d'Emden,
que fur celui de la Compagnie d'Oftende.
Les raifons de cette partialité ne font
rien ici. Obfervons feulement l'attention
que la Cour de Berlin a donnée à cette
entreprife, & fur ce qu'elle a fait dans ce
genre pour une Ville qui a bien moins
de titres à fa protection, que le plus ché-
tif Village de la Côte de Pruffe, ou de
Poméranie; jugeons ce qu'elle feroit en
faveur de Ports de la Baltique qu'elle pof-
féde, ou qu'elle peut acquérir.

Nous fommes dans l'erreur, quand
nous nous repofons fur la difficulté de
former une puiffante Marine. L'ouvrage feroit peut-être long & pénible pour
les Hollandois d'àpréfent. Mais tâchons
de nous fouvenir combien peu il en
coûta de dépenfe & de tems aux hommes du premier âge de cette République

pour difputer la Mer au Roi Philippe II.
C'eft bien autre chofe encore dans une
Monarchie, où l'ordre du Prince étouffe
toutes les réflexions. Le Roi de Pruffe
formeroit fa Marine comme le Roi fon
Pere à formé fes premières Troupes; &
cette même attraction, qui recrute actuellement aux dépens de l'Etranger les Armées Pruffiennes, procureroit des Equipages pour les Vaiffeaux de S. M.

Souhaitons la paix du Continent;
mais craignons de ne faire que plâtrer
une Trêve. Craignons également que
des fuccès trop brillans ne mettent les
Puiffances victorieufes en état d'impofer
le joug; au-lieu qu'elles ne doivent que
préfenter des conditions. Apréhendons
d'engager trop loin un Ennemi, que mille
conjonctures peuvent un jour nous faire
defirer pour Allié. Redoutons l'accroiffement de l'Electeur de Hanovre. Nous
n'avons commencé à connoître que nous
pouvions être des hommes libres, que
quand le Duché de Normandie & les
autres poffeffions en France échapperent
à nos Rois. Nous ne faurions être
trop vigilans fur la balance du Nord.
Le Commerce de cette Partie de l'Europe eft devenu une branche maîtreffe,

F 3

depuis que le goût de la navigation eſt devenu général, en même tems que la ſcience s'en eſt perfectionnée. Dans notre ſituation, dont on voudroit que nous nous enorgueilliſſions, nous n'avons d'Alliés & d'Ennemis conſtamment tels, que les Princes & Etats capables de renverſer l'équilibre, à la faveur duquel l'Europe, expoſée à des ſecouſſes, eſt à couvert du bouleverſement. Entre la France, l'Autriche & la Pruſſe, notre choix nous eſt dicté par la meſure du pouvoir de ces Puiſſances. Ce n'eſt pas toujours du côté du plus fort qu'il nous convient de nous ranger. Si j'ôſois me ſervir d'une Allégorie peu proportionnée à l'idée que nous avons de nous-mêmes, je dirois que nous n'avons rien de plus à craindre dans nos Alliances que de nous trouver à la fin de la guerre dans le cas du Chat de la fable, qui tiroit les marons du feu pour un Animal plus fin & plus ruſé que lui. Nous ne ſommes pas ceux qui recueillerions le plus grand avantage des pertes & de l'épuiſement de la France. Ce ne ſeroit point à nous que ſa primauté paſſeroit, ſi les évenemens de la préſente guerre l'en faiſoient déchoir. Sur Mer, ainſi que dans le Continent, nous trouverons des jaloux de notre exceffive profpérité.

Mettons-nous bien dans la tête que la figure, que nous faifons maintenant en Europe, n'eft point une figure que nous puiffions foutenir. Je la compare à celle d'un Ambaffadeur dans les prémiers jours de fon entrée. Plus il a confumé pour la rendre brillante, plus il lui faudra chérir enfuite l'obfcurité & l'œconomie. La décadence de la Monarchie Efpagnole commença de devenir incurable au moment où Philippe II., par l'acquifition du Portugal & de fes riches Etabliffemens dans l'Inde, fe croyoit au comble de l'opulence & de la grandeur. Louis XIV. à Nimegue jettoit le germe des guerres qui ont rendu le refte de fon Regne fi difficile; & fes victoires contre la Ligue d'Augsbourg l'ont conduit aux pertes que lui fit effuyer la Haute - Alliance.

Dans notre fphère nous fommes peut-être plus élevés maintenant que ne fut dans la fienne le Fils de Charle - quint. Le Soleil fe couche & fe leve fur nos Domaines; & nous ne cachons point que nous nous promettons encore d'autres

conquêtes. Qui trop embraſſe mal é-
treint, diſoit à Alexandre un Député
Scythe. Pour moi, je m'en tiens au
mot de la Prophéteſſe: notre force nous
perdra, ſi nous ne faiſons pas retraite à
tems.

* 9 7 8 2 0 1 3 7 1 3 1 1 5 *